신학이란 무엇인가?

신학이란 무엇인가?

2017년 8월 21일 인쇄
2017년 8월 25일 발행

지은이 | 권진관
펴낸이 | 김영호
펴낸곳 | 도서출판 동연
등   록 | 제1-1383호(1992년 6월 12일)
주   소 | 서울시 마포구 월드컵로 163-3
전   화 | (02) 335-2630
팩   스 | (02) 335-2640
이메일 | yh4321@gmail.com

ISBN 978-89-6447-370-2 03200

이 도서의 국립중앙도서관 출판예정도서목록(CIP)은 서지정보유통지원시스템 홈페이지
(http://seoji.nl.go.kr)와 국가자료공동목록시스템(http://www.nl.go.kr/kolisnet)에서
이용하실 수 있습니다.(CIP제어번호: CIP2017021097)

권 진 관 교 수 정 년 퇴 임 기 념 도 서 1

신학이란 무엇인가?

권진관 지음

WHAT IS
THEOLOGY?

동연

　이 책에서 필자는 되도록 쉽게 이야기하는 방식으로 신학을 설명하고자 합니다. 오늘날 신학이 매우 홀대 받고 있는데 이 책도 혹시 그렇게 될까 걱정입니다. 필자의 20여 년간의 강의의 경험을 가지고 되도록 중요한 부분만을 간추려서 신학이 무엇인지를 설명하려 했습니다. 신학은 가장 쉬우면서도 가장 어려운 학문인 것 같습니다. 그래서 쓰기도 어렵고 가르치기도 어렵습니다. 필자는 인문학적, 철학적인 방법을 좀 빌려왔습니다. 그렇게 해야 신학을 명쾌하게 설명할 수 있을 것으로 보았기 때문입니다. 혹시 이 책의 방법론적인 문제가 잘 이해 안 될 경우, 관련 서적들을 살피는 것도 필요하다고 생각합니다. 그럼에도 그런 관련 참고서를 들여다보지 않고서 충분히 이해가 갈 것입니다.

　이 책은 필자의 지금까지 신학적 연구를 종합해 본 것입니다. 지금까지 필자는 많은 책을 냈습니다. 이 책에서 필자는 지금까지의 저서들을 종합했을 뿐 아니라, 한 단계 높이려고 노력했습니다. 그리고 새로운 신학을 위한 새 출발의 서론으로 이 책을 썼다고 봅니다. 올해 필자는 대학에서 정년을 맞이했습니다. 앞으로 얼마나 더 신학을 할 수 있을지 모르겠지만, 신학은 항상 새로

이 시작하는 것이라고 보고 이제 다시 시작하려고 합니다. 우리
는 죽을 때까지 학생이 아닙니까?

　한 시대의 지적 자산이 그 시대의 학자들의 지적 수준을 어느
정도 정해줍니다. 그러나 한 시대의 지적 자산을 넘어서서 새로
운 지평을 열어 보이는 것은 귀한 일이고 창조적인 일일 것입니
다. 우리의 신학계에서도 그런 귀한 일이 일어나기를 기도하고,
저도 그 대열에 참여하고 싶습니다.
　지금까지 이 부족한 사람에게 배운 젊은이들이 생각납니다.
가르친다는 것은 나에게 어려운 일이었고, 귀한 일이었고, 영광
된 일이었습니다. 그들에게 이 책을 바칩니다.

2017년 여름

권진관

차 례

제1장
계시와 상징

학교에서 졸업 논문을 지도하고 있었습니다. 논문 주제를 정하는 문제를 논의하는데, 어떤 학생이 세월호 침몰 사건과 하느님과의 관계에 관해 논문을 쓰고 싶다고 했습니다. 그가 말했습니다. 하느님은 전능하시므로 세월호 사건이 신의 허락이 없이 일어날 수 있었을까요? 그렇다면 세월호는 하느님이 침몰시킨 것 아닙니까? 그래서 나는 이렇게 되물었습니다. 하느님이 정말 그런 일을 계획하거나 허락했겠는가고. 나의 이런 대답에, 그는 그렇다면 하느님이 세월호 사태를 일으키지 않았다는 것을 증명할 논문을 쓰고 싶다고 했습니다. 이런 구상에 대해서 나는 무슨 말을 해야 할지 몰랐습니다. 그래서 일단 다음과 같이 말했습니다. "그런 주제는 좋은 주제가 될 수 없을 거야, 우선 하느님이 세월호 사건을 계획했을까 하는 질문은 대답하기가 불가능한데, 왜냐면 세월호 참사에 대한 하느님의 의도를 알 수 있는 자료가 하나도 없을 것이기 때문이야"라고 했습니다. 그러나 지금도 많은 크리스천들이 하느님이 전능하신 분이니까 역사 속에서 일어나는 모든 일은 하느님의 의도가 없이는 일어날 수 없으므로 이 참사도 결국 하느님이 뜻하신 일이라고 믿는 것 같습니다. 그러나 이것은 신학적으로 볼 때 잘못된 것이 확실합니다. 교리적, 신앙적 신념과 신학은 전연 다릅니다. 신학은 전래된 교리들을 그대로 수용하는 것이 아니라, 비판적으로 성찰합니다. 그리고 교리를 주변에 일어나는 일들에 직접 대입하지 않습니다. 따라서 신학 입문을 위한 이 책은 교리를 사실이나 진리로 둔갑시키는, 무비판적이며 맹목적인 교리 신학을 넘어서려고 합니다. 대신, 인문학적이고 지성적인 신학을 모색할 것입니다. 신학은 "관계"에 관한 공부라고 할 수 있습니다. 특히 인간의 일들과 하느님과의 관계에 관한 공부입니다. 인간의 일 중 특히 어떤 부분이 하느님과 관련되어 있는지에 대해서 깊이 있게 그리고 비판적으로 성찰하는 것이 신학이라고 생각합니다.

신학도 다른 학문처럼 과학입니다. 과학 중에서도 인문학에 가깝고, 특히 철학과 가까운 사이입니다. 그렇기 때문에 기독교

초기부터 신학은 철학과 깊이 대화했고, 많은 신학자들이 철학을 공부했습니다. 신학의 태동은 기독교의 복음이 철학과의 만남에서 시작되었다고 할 수 있습니다. 신학이 궁극적인 진리를 추구하듯이 철학도 그것을 추구합니다. 그렇기 때문에 신학적인 사고도 인문학적인 논리 정합성과 방법적 일관성을 가져야합니다. 그렇지 않으면 올바른 신학이라고 할 수 없습니다.

신학은 인문학적인 방법을 주로 채택하면서, 주제적, 내용적으로는 기독교의 신앙을 다룹니다. 신학은 기독교 신앙을 비판적으로 연구하는 학문이라고 말할 수 있는데, 기독교 신앙이란 인간의 마음의 한 양태를 말합니다. 마음은 인간의 지성, 감정, 태도 등 다양한 것을 포함하며, 인간의 중심을 가리킵니다. 따라서 신학은 인간의 마음 현상을 비판적으로 검토하는 것이며, 그것을 기독교 복음의 관점에서 하는 것이라고 말할 수 있습니다. 우리의 마음은 돈에 가 있거나 권력에 가 있거나, 혹은 예술에 가 있거나, 혹은 철학적 진리를 찾고 있거나, 혹은 사랑에 빠져 있거나, 혹은 절망하여 자포자기하고 있거나, 혹은 이념을 추구할 수 있습니다. 그러한 마음의 지향성(믿음, 신앙)을 예수의 복음의 관점에서 비판적으로 검토하는 것이 신학이라고 하겠습니다.

그렇기 때문에 세월호의 경우에 있어서, 하느님이 세월호 참사를 일으킨 장본인이 아니라는 것을 입증하는 것이 신학의 주요 과제가 아닙니다. 실제로 우리는 그러한 것을 입증할 수 있는 자료를 가지고 있지 않습니다. 하느님이 이런 모든 일을 하신다고 믿는 마음, 그러한 신앙을 비판적으로 성찰하고 분석하는 것이 신학의 주요 과제라고 하겠습니다.

신학이 인간의 신앙을 예수의 복음의 관점에서 비판적으로 성찰하는 것이라고 한다면 신학이 너무 좁아지는 것이 아닌가 하는 생각을 할 수 있습니다. 신학은 인간학이 될 수밖에 없지 않느냐는 것입니다. 인간의 마음을 비판적으로 성찰하는 것이라면 신학은 인간학로 축소될 수밖에 없고, 그리고 그것을 오직 예수 그리스도의 복음의 빛 아래에서 본다면, 신학은 그리스도론으로 축소될 것입니다. 물론 신학적 인간학이 매우 중요하고, 그리스도론도 필수적인 부분입니다. 그러나 신학은 여기에 머무르지 않습니다. 무엇보다도 신학은 신에 대한 학문입니다. 테오로기아(Theologia)는 그리스어로 신을 가리키는 언어 theos와 말들이라고 하는 logia의 합성어입니다. 그렇다면 신학은 신에 대한 말들입니다. 신학은 신에 대한 담론입니다. 그러므로 신학은 원래 신을 대상으로 삼는 학문입니다.

신학은 역사와 사회 속에서의 우리들의 신앙(마음의 지향)을 비판적으로 성찰하는 것인데 그것을 위해 근본적인 질문, 즉 신이란 무엇인가를 묻는 학문입니다.

신앙의 근본 동기인 신을 대상으로 삼는 학문인 신학을 다른 학문과 다시 비교해 보고자 합니다. 신은 다른 대상과는 달라서 우리들 눈으로 보거나 손으로 만져지지 않습니다. 신학의 대상인 신은 보이지 않지만 다양한 형태 속에서 작동하는 존재입니다. 이처럼 대상이 있으므로 신학이라는 학문이 가능해 지는데, 그러나 대상의 독특함 때문에 다른 학문에 비해서 방법 등에서 다를 수밖에 없습니다. 그럼에도 신학은 위에서 말한 것처럼 과학적이어야 합니다. 즉, 사회과학과 자연 과학과도 척지지 말아야하고, 그 성과와도 배치되어서도 안 됩니다. 신학은 다만 그것을 넘어서며, 보다 궁극적인 것을 이해하려고 시도하는 학문입니다.

모든 학문은 연구 대상을 가지고 있고, 연구의 방법은 그 연구 대상의 성격과 밀접한 관계를 갖고 있습니다. 예를 들어, 물리학은 물체들의 운동 방식을 관찰하며, 생물학은 동식물을 분석하며, 천문학은 천체의 운동을 관찰합니다. 사회학은 사회적 집단들의 상호관계와 사회적 운동과 갈등 등을 관찰합니다. 이처럼 대상의 특성에 따라서 학문도 달라집니다. 그렇다면 신학은 신을 대상으로 삼는 학문이라고 하겠는데, 신은 물체나 천체나 사회적인 집단과 같이 우리의 눈으로 직접 볼 수 있는 일반적인 대상이 아닙니다. 그러면, 신을 어떻게 알 수 있는가요? 일반적인 대상을 가진 학문은 그 대상에 대한 관찰과 실험의 결과로 대상을 알 수 있습니다. 그런데 신학의 대상은 관찰과 실험을 할 수 없는 비대상적 대상(non-objective object)입니다. 그러므로 신학의 방법은 다를 수밖에 없습니다. 인문학의 범주 아래에 있는 신학은 다른 인문학과 마찬가지로 텍스트와 언어, 그리고 계시적 매체들(상징)을 분석합니다. 신학이 연구하는 텍스트(문서)와 언어와 상징은 계시적인 것입니다. 왜냐하면, 그것들은 신(적인 것)을 가리키기 때문입니다.

자연과학이나 사회과학의 언어는 연구자의 관찰과 실험에서 비롯된 언어이지만, 신학이 추구하는 언어는 계시적 언어, 상징이며, 그것은 연구자로부터 오는 것이 아니라, 바깥(사회, 문화, 종교)으로부터 오는 것이며, 나와는 다른 존재로부터 오는 언어요 상징이라고 하겠습니다. 신학 연구자는 이 속에서 계시적 의미를 찾습니다. 우리의 일상적 언어들과 상징들 속에 들어와 있는 특별한 언어, 종교적 언어, 계시적 언어를 찾는 것입니다.

계시란 무엇이며, 그 계시를 포함하는 계시적 언어는 무엇인가요? 계시란 감추어진 것, 낯선 것이 드러나는(reveal) 것을 말합니다. 무엇이 감추어져 있습니까? 그것은 우리에게는 낯선 것입니다. 우리와 다른 것입니다. 그것이 긍정적으로는 진실하며, 선하며, 아름다운 것일 수 있지만, 꼭 그렇지 않을 수도 있습니다. 우리를 부정할 수도 있고, 우리를 괴롭힐 수도 있습니다. 우리의 삶의 비밀이 드러나는 것, 우리의 죄성, 우리와 우리 사회가 가지고 있는 근본적인 악한 성격들이 보이지 않을 수도 있습니다. 그것들이 드러나는 것이 계시적인 것입니다. 이처럼 계시란 숨겨져 있는 것이 드러나는 것을 말합니다. 낯선 것 중에서 으뜸은 신입니다. 신을 알려주는 것이 있다면 그것을 계시라고 하겠습니다. 계시는 주로 언어를 통해서 오지만, 자연, 인물, 사건, 작품 등 다른 다양한 매체를 통해서도 옵니다.

신은 특히 성서를 통해서 계시해 주시고, 예수 그리스도라는 인물을 통해서 자신을 계시해 줍니다. 성서와 예수 그리스도와 같은 특별한 문서나 특별한 인물을 통하여 하신 것을 특별 계시라고 하고, 이런 성서적 인물들에게 하느님은 직접 계시했으므로 직접 계시라고도 합니다. 성서의 시대를 하느님의 직접 계시의 시대라고 합니다. 그 이후는 간접 계시의 시대라고 합니다. 인류의 수많은 문서 들 중에서, 신구약성서와 같은 특별한 문서, 수많은 역사적으로 위대한 인물들 중에서 예수와 같은 특별한 인물이 경험한 것은 특별 계시이며, 직접 계시입니다. 이밖에도 하느님을 직접 경험한 사람들 중에는 모세, 예언자들, 그리스도의 사도들이 있습니다. 이러한 인물들은 하느님으로부터 직접 계시를 받았다고 합니다.

이러한 특별 계시와 직접 계시의 시대는 예수를 직접 본 사도들까지입니다. 그러니까 그 후 오늘날에는 직접 계시를 받지 못하는 것으로 되어 있습니다. 이른바 정통 기독교에서 그렇게 결정한 것인데, 그것에 의하면, 우리가 경험하는 것은 간접 계시일 뿐입니다. 직접 계시를 포함하고 있는 성서는 우리에게 있습니다. 성서는 수천 년 전에 쓰인 것입니다. 직접 계시는 성서로 마감되었습니다. 그리고 성서 즉 정경도 신구약 66권(구약 39권, 신약 27권)으로 마감되었습니다. 성서, 즉 정경을 이것으로 마감해 버린 것은 나름 이유가 있습니다. 성서가 더 많아지면 혼란이 생길 수 있기 때문입니다. 중심이 확장되면 교회 공동체에 혼선이 일어나 흔들릴 위험이 있습니다. 그러나 정경이 마감되었다는 것은 이제 기독교는 변화할 수 없게 되었다는 것을 말합니다. 기독교 자체의 근본적 변화는 없게 된 것입니다. 직접 계시가 없어졌다고 해서 우리 시대에 계시가 완전히 없어진 것은 아닙니다. 간접 계시가 있고, 이전부터 있었던 일반 계시도 있습니다.

혹자는 이렇게 말할 수 있을 것입니다. 성서가 우리에게 있고, 성령이 역사하셔서 예수 그리스도를 알려주시는데 직접 계시가 마감되었다고 할 수 있겠느냐고요. 이슬람교에서는 경전 꾸란은 지금 신자들에게 주는 하느님의 직접적인 계시라고 믿고 있는데, 기독교는 성경의 말씀들이 지금 우리에게 전달하는 직접 계시라고 보지 않습니다.

기독교의 성서는 직접 계시를 모은 것이지만, 오늘날 우리에게는 간접 계시가 됩니다. 성서의 말씀이 우리에게 직접 계시가 되는 것이 아니라, 그 말씀이 매개가 되어 계시가 오는 것이므로 매개(media)를 통해서 오는 계시 즉 간접 계시(mediated revelation)입니다. 여기에서 성서의 말씀이 계시의 매개가 됩니다. 이 매개를 통하여 계시가 오기 때문에 간접 계시라고 합니다. 직접 계시는 매개 없이 주어집니다. 그래서 직접 계시(direct reve-lation)를 매개가 없는 계시(immediate revelation)라고 부릅니다.

일반 계시는 모두 간접 계시(mediated revelation)에 속합니다. 일반 계시는 모두 매개가 있기 때문입니다. 자연, 사건, 인물, 예술, 도덕 등은 모두 그 매개가 됩니다. 우리는 일상생활, 특히 자연의 신비함, 웅장함, 아름다움 속에, 그리고 도덕의 궁극적인 기반으로, 그리고 예술과 학문의 깊이에서 신적인 요소들을 경험합니다. 이것은 매개 없는 직접 계시가 아니라 매개가 있고, 매개를 통해서 오는 계시입니다.

계시의 특징은 우리와 다르다는 것, 낯설다는 것입니다. 오늘날 계시는 우리의 바깥에서 오는데 우리 주위의 다양한 매개를 통해서 옵니다. 그렇다면 매개는 자신이 계시가 아니라, 계시를 가리키는 존재, 즉 상징이 됩니다. 필자는 매개라는 말 대신에 상징이라는 말을 쓰려고 합니다. 계시는 상징적인 것을 매개로 하여 우리에게 전달됩니다. 이처럼 계시와 상징은 연결되어 있습니다.

그럼 계시에 관해 예를 들어보겠습니다. 내가 낯선 사람과 만났다고 합시다. 그의 모습만을 보고 그가 어떤 사람인지를 알 수 없습니다. 그가 나에게 전연 말을 하지 않거나 표정으로라도 자기표현을 하지 않는다면, 나는 그가 누구인지를 알아차리지 못합니다. 그의 출신, 그의 직업, 그의 생각을 전연 알 수 없습니다. 그런데 그가 자신에 대해서 말을 하기 시작하면, 우리는 그가 누구인지를 알아가기 시작합니다. 그의 눈빛의 변화, 그의 미소, 그의 억양 등에서도 그가 어떤 사람인지 어느 정도 알아차릴 수 있습니다. 이처럼 신으로부터 어떤 표현이 있을 때 우리는 신을 감지하게 됩니다. 그런데 신은 말을 건네는 낯선 사람과는 달리 나에게 확실한 언어로 말을 걸어오지 않습니다. 따라서 신은 계시 속에서도 항상 신비로 남습니다. 오늘날 신으로부터 직접 말씀의 소리를 들었다고 주장하는 사람들이 있을 것입니다. 그러나 그것은 대부분 자기 감정이나 최면에 기인한 것입니다. 신의 소리가 아닐 수 있다는 것입니다. 그렇기 때문에 교회에서는 계시는 계시적 자료인 성서의 말씀으로 온다고 했습니다. 성서의 언어들은 과학적, 사실적인 언어가 아니라, 자신을 넘어서서 초월적인 것을 가리키는 계시적인 상징 언어들입니다. 시편의 기자가 하느님에 대해서 이렇게 노래했습니다. "주님은 나의 반석, 나의 요새, 나를 건지시는 분, 나의 하느님은 나의 반석, 내가 피할 바위, 나의 방패, 나의 구원의 뿔, 나의 산성이십니다"(시편 18:2). 여기에서 반석, 요새, 바위, 방패, 뿔, 산성이라는 말은 하느님 자신을 말하는 것이 아니라, 하느님을 상징하는 말입니다. 이것들은 상징 언어들입니다. 이런 언어들은 자기 자신을 넘어 다른 것, 초월적인 것을 가리킵니다.

성서의 말씀 즉 성서의 계시적인 말씀은 마치 안경과 같습니다. 시력이 안 좋은 사람이 안경을 쓰면 글과 사물을 볼 수 있게 되는 것과 같습니다. 종교개혁자 존 칼빈은 눈이 어두워서 책을 읽지 못하는 사람들에게 안경은 그 책을 읽게 해 주듯이, 성서를 통해 오는 말씀은 진정한 하느님을 분명하게 보여 준다고 했습니다.[1] 여기에서 계시는 잘 보이지 않는 것들을 드러내어 보여주는 조명과 같은 역할을 합니다. 우리가 어두운 곳에 들어가면 아무것도 안 보이지요. 그런데 전등을 켜면 다 보입니다. 계시는 그러한 것입니다. 성서의 말씀도 그런 역할을 합니다.

그렇다면 성서의 말씀은 그대로 오늘날 우리에게 주는 하느님의 말씀인가요? 그렇다면, 성서의 모든 문자는 그대로 오늘에 적용될 수 있는 하느님의 말씀이 된다는 문자주의가 되는데요. 그렇지는 않습니다. 성서 안에는 서로 모순된 말들도 있고, 시적, 상징적인 표현들이기 때문에 해석을 필요로 합니다. 좋은 해석은 말씀의 진리에 도달하게 해 줍니다. 문자는 그것이 성서의 말씀이고, 계시적인 것이라고 할지라도 오늘의 나의 입장에서 해석할 수밖에 없습니다. 오늘날 우리에게 성서의 모든 문자와 언어는 계시를 가리키는 상징들입니다.

토의: 계시에 대해 경험해 봅시다. 교실에서 가장 낯선 사람과 파트너가 되어 대화를 해 봅시다. 파트너에 대한 나의 관찰만 가지

---

1 Calvin, *Institutes of Religion*, I.6.1. Calvin: Insititute of the Christian Religion (Philadelphia, PA: Westminster Press, 1977), 70.

고는 그를 다 알 수 없습니다. 그러므로 파트너의 말을 듣고 표정을 보면서 나는 그를 알아가게 됩니다. 파트너가 자신에 대해 드러내 (reveal) 주지 않으면 나는 그를 알지 못합니다. 그가 알려 주는 만큼 나는 그를 알 수 있습니다. 그러나 그 대화 속에서 알아가지만 완전히 그를 알 수는 없을 것입니다. 왜냐하면 나는 그 사람의 지나온 과거, 내적인 성품, 미래에 대해서 아직 다 모르기 때문입니다.

제2장
신은 존재하는가?

　신은 신학에서 중심 주제이며, 성찰의 대상입니다. 그런데 우리는 과연 신이 존재한다고 증명할 수 있는 것입니까? 우리는 신이 존재한다고 믿고 있습니다. 그렇지만, 신은 객관적으로 실존하는 다른 존재자들(beings)과 같을 수 없습니다. 그러므로 우리는 신을 우리의 관찰의 대상으로 다룰 수도 없습니다. 신은 객관적으로 존재하지 않는다면, 신은 인간의 마음 안에만 존재하는 관념 혹은 개념인가요? 신은 객관적으로 존재할 수 없는 존재인가요? 그렇다면 우리는 신을 어떻게 성찰할 수 있을까요?

　만약 신이 객관적으로 존재한다고 할 수 없다면, 신학은 결국

과학적 학문이 될 수 없는 비과학, 비학문인가요? 신 관념만 있을 뿐, 신 자체가 없다면 신학은 근본적으로 관념에 불과하며, 객관적, 물질적 근거는 없게 됩니다. 신학의 주제인 신을 통찰해 낼 수 없다면 신학은 이른바 "과학적" 학문은 될 수 없지요?[1] 우리는 여기에서 신의 존재에 대해 몇 가지의 가능한 논의들을 검토하고자 합니다.

1. "없이 계시는 분"

신은 백두산이 존재하는 방식으로 존재하지 않습니다. 백두산은 북한의 맨 북쪽에 자리하고 있어 지금 여기에서 우리 눈앞에 보이지는 않지만, 분명히 객관적으로, 즉 시각 등 오관으로 직접 경험할 수 있는 실재하는 존재입니다. 신은 그냥 멀리 있는, 건널 수 없는 휴전선 저쪽에 있는 백두산과 같은 존재는 아닙니다.

신은 객관적으로 존재하지 않습니다. 그러나 존재합니다. 기독교 사상가 다석 류영모 선생은 신을 "없이 계시는 분"이라 하였습니다.

---

1 이러한 문제제기는 토마스 아퀴나스에 의해서 오래전에 이루어졌다. "모든 학문은 자기 주제의 본질을 규정할 수 있어야 한다." 그러나 신학의 대상인 신은 명확하게 논증해 낼 수 없는 성질을 가진다. Thomas Aquinas, *Summa Theologiae*, II-II, 5, 3, q.2, a.2. Peter Eicher, *Theologie--Eine Einfuehrung in das Studium* (Muechen: Koesel Verlag, 1980) 페터 아이허/박재순 역, 『신학의 길잡이: 신학연구 입문』 (대한그리스도교서회, 2002), 126-129.

그렇다면 신은 인간의 도덕, 양심, 감정, 이성과 관계되어 존재하는 것인가요? 즉, 절대적 도덕의 근거, 양심의 근거, 최고 이성, 최선, 절대의존의 감정으로 신을 말할 수 있는 것은 아닌가요? 그 정도로 신이 어느 정도 설명될 수 있을 겁니다. 인류의 많은 학자들과 함께 우리는 이러한 설명을 존중하며, 이 책의 설명도 여기에서 크게 벗어날 수는 없을 것입니다. 많은 저명한 신학자들과 철학자들이 합의하고 있는 설명 중 가장 설득력이 있는 것이 있는데, 그것은 신은 창조의 근원이며 사랑과 정의의 하느님이라는 것입니다. 우리는 사랑과 정의를 포함해 모든 진정한 창조적인 일 속에 신의 개입이 있다고 말할 수 있을 것입니다. 이렇게 신은 없이 존재합니다.

2. 무신론자의 입장
: 신은 존재하지 않고 다만 인간이 만들어 놓은 가설일 뿐

우리는 신을 가장 순수하며, 완전하며, 모든 존재의 근원이며, 생명의 원천이며, 모든 의미의 근거이고, 인생의 진정한 목적이며, 모든 것을 알며, 모든 능력을 가진 존재로 고백합니다. 또 이 우주가 질서정연하게 움직이고 있는 것을 볼 때 이 우주를 운행하시는 존재로 생각합니다. 그러나 무신론자들은 그것은 인간이 만들어 놓은 가설이지 실제로 존재하는 신은 아니라고 주장합니다. 무신론자들은 신은 인간이 자신의 최상의 모습을 상상하여 만들어 놓은 작업가설에 불과한 것이라고 주장합니다. 포이어바흐와 같은 무신론자는 신의 속성으로 여겨지는 "선함, 능력, 사랑은 곧 인간적 속성들"이라고 했습니다.[2] 포이어바흐는 인간의 최고의 속성을 신의 속성으로 돌리게 되면, 진정한 인간성은 상실되고 만다고 주장했습니다. 그러므로 신을 없애는 것이 필요하다고 역설했습니다. 인간 안에 찬양되어져야 할 것을 신에게로 옮겨 놓는다면, 인간 안에 진정한 요소들을 없애는 것이 되는데, 이것이 유신론이 하는 일이라고 했습니다. 이처럼 무신론자들은 인간을 보호하기 위해서 신을 없애는 것이 필요하다고 생각했습니다. 그럼에도 신은 정말 존재하는가? 포이어바흐는 신은 인간성의 최고봉인데. 이러한 최선의 인간성을 신에게 갖다 주어 인간은 스스로 자신의 인간성, 그리고 그것의 실현을 향한 의지를 상실하게 되었다고 비판합니다.[3] 따라서 종교는 인간의 이러한 주체적인 의지를 잠재우는 아편이 된다는 것입니다.[4] 또 신을 인간의 상

---

2 Ludwig Feuerbach, *The Essence of Christianity* trans. George Eliot (New York: 1957), p. 5, Karen Armstrong, *The Case for God* (New York, N.Y.: Anchor Books, 2010)『신을 위한 변론』정준형 역, (서울: 웅진, 2010) 373 쪽에서 재인용.

3 Ludwig Feuerbach, The Essence of Christianity, ed. and abridged by E. Graham Waring and F. W. Strothmann (New York, NY: Frederick Ungar Publishing Co., 1957)

4 Ibid, 47.

상과 꿈의 투영(projection)이라고 보았습니다.

이러한 무신론적인 사상이 더욱 팽배할 수밖에 없었던 것은 신의 이름으로 많은 악행이 자행되었기 때문입니다. 신의 이름으로 생명을 파괴하는 일이 비일비재합니다. 전쟁을 신의 이름으로 선포합니다. 이제 인간성의 회복이 필요했습니다. 그러기 위해서는 우선 기존의 신을 파괴하지 않을 수 없게 되었습니다.

무신론의 주장은 나름 합리적인 근거를 가지고 있어, 이것을 시원스레 논박하기는 어렵습니다. 이와 반대로 신은 존재한다는 주장도 나름대로 합리적인 근거를 가지고 있습니다. 신 존재를 부정하는 사람이든, 긍정하는 사람이든 모두 일정한 근거를 가지고 있는 것처럼 보입니다. 다만 완전한 입증은 불가능하다는 점에서 양자 간에 확실한 판정을 내리기는 쉽지 않지요. 니체와 같은 무신론자들이 "신은 죽었다"라고 했을 때, 죽은 것은 신이 아니라, 당시 신이라고 하는 단어가 의미하는 관념이었습니다.[5] 니체가 지금 살아있다면 우리가 이 책에서 밝혀내고자 하는 신도 부정할지 모르겠습니다. 그러나 그것은 이 필자가 형성한 신 관념의 한계를 지적하는 것일 뿐, 그것으로 신이 정말 죽었다고 판정할 수는 없을 것입니다. 그러므로 우리는 니체와 같은 무신론자들도 수긍할 수 있는 신을 밝혀 보고자 노력해야 합니다.

---

5 Paul van Buren, *The Secular Meaning of the Gospel* (New York: Macmillan and London: SCM Press, 1963), 103.

한스 퀑(Hans Küng)은 무신론을 택하든, 유신론을 택하든, 그것은 결단의 문제라고 하였습니다.[6] 신의 존재를 증명해 낼 수는 없습니다. 지금까지 많은 증명법이 있었습니다. 그러나 그것들은 모두 반박의 여지를 가지고 있습니다. 이러한 주장과 그 주장에 대한 모든 반대 주장에도 불구하고 우리는(!) 신이 존재한다고 말할 수밖에 없습니다. 그리고 우리는 신에 관하여 한 가지만은 분명하게 말할 수 있습니다. 그것은 신은 사랑과 정의의 하느님이라는 점입니다. 신은 창조의 하느님이라고 한다면, 신은 무엇보다도 사랑과 정의를 창조합니다. 그리고 신은 자연을 창조하였을 뿐 아니라 역사 안에서 창조적인 일을 일으킵니다. 만약에 이 역사 속에서 사랑과 정의가 있는 창조적인 일이 일어난다면, 우리는 그 안에 신이 개입해 있다는 것을 믿습니다.

그리고 우리가 신의 존재를 인정한다면, 유리한 점이 있습니다. 우리는 모든 실재의 궁극적인 가치와 목적(사랑과 정의)을 인정할 수 있게 되어 삶의 목표가 분명해져서 안정된 정체성을 유지할 수 있게 됩니다. 그러나 철저한 무신론(모든 초월적인 요소를 부정하는 태도)을 택한다면, 삶의 궁극적인 목적, 가치, 의미, 희망 등, 삶의 근본적 기반이 불확실해 질 수 있습니다. 그러나 우리는 그 불확실성을 너무 두려워해서는 안 될 것입니다. 우리가 지

---

6 Hans Küng, *Existiert Gott?* (München: Piper & Co. Verlag, 1978), trans. Edward Quinn, *Does God Exist?* (Garden City, N.Y.: Doubleday, 1978), 568-573.

금 가지고 있는 궁극적인 가치, 의미, 희망마저도 우리들의 욕망의 투영일 수 있으므로 신은 이러한 것도 부정하는 힘이라고 하겠습니다. 그러나 우리는 모든 궁극적인 진리(사랑과 정의)를 향한 열정 위에 우리 자아를 든든히 올려놓지 못하면 자아가 흔들리고 세상은 어지러워집니다. 그렇기 때문에 무신론자들도 삶을 이끄는 초월적인 차원 혹은 궁극적인 기반을 열망합니다. 무신론자들 중에는 불가지론자들, 회의주의자들(skeptics), 허무주의자들이 있습니다. 이들도 비록 초월적인 존재인 신을 부정하거나 의심하지만, 그러나 신을 대체할 초월적인 것을 열망하는 사람들이며, 넓게 보아 신 존재를 갈망하는 사람들이라고 할 수 있습니다. 지식(알고자 하는 열망)과 윤리(행동의 정당성)와 희망(삶의 목적과 지향성)을 가지려는 인간의 욕망은 끝이 없어 각각에서 그 궁극적인 것을 추구합니다. 이 궁극적인 것은 신의 존재를 요구합니다. 신의 존재까지 인정하지 못한다면, 적어도 신에 해당하는 궁극적인 가치나 관념을 요구합니다. 이렇게 우리 모두는 일상생활에서 신 혹은 신적인 것을 말하지 않을 수 없습니다. 젊은 나이에 나치에 의해 순교당한 신학자 디트리히 본회퍼(Bonhoeffer)가 말한 대로, 우리는 삶의 가장 자리(죽음, 질병, 약함)에서 신을 말하기보다는, 삶의 가장 중심에서 신을 요청하고 있는 것입니다.[7]

---

7 Dietrich Bonhoeffer, *Widerstand und Ergebung* (Munich, 1951) 182. Küng 의 위의 책, 565.

무신론자들은 신을 말하지는 않지만, 신을 대체할 수 있는 관념들을 갖고 있습니다. 프리드리히 니체의 "초인"(Übermensch), 에른스트 블로흐(Ernst Bloch)의 "희망," 루드비히 포이어바흐(Ludwig Feuerbach)의 이상화된 "인류," 지그문트 프로이트(Zigmund Freud)나 칼 마르크스(Karl Marx)와 같은 이들에게 신적인 대우를 받는 "과학" 등은 신을 대체할 수 있는 관념들이라고 하겠습니다.

무신론자들이라고 해서 모두 초월적인 실재를 부정한다고 할 수 없습니다. 무신론자들은 특정한 신 관념, 특히 유신론의 인격적 신 관념을 부정할 뿐이라고 해도 틀린 말이 아닐 것입니다. 여기에서 유신론(theism)은 우주를 창조하고 우주의 지배자로서의 전지전능한 인격적인 신의 존재를 믿는 것을 말합니다. 유신론적인 신 관념은 소위 아브라함 종교라고 하는 유대교, 이슬람교, 중세의 그리스도교를 거치면서 형성된 것인데 이것은 여러 신 관념 중의 하나라고 할 수 있습니다. 유신론이 신을 다 설명할 수 없다고 할 때, 유신론의 반대말인 무신론(atheism)은 신을 완전히 부정하는 이론이라고 할 수는 없을 것입니다. 그렇다면, 무신론은 유신론적 신 관념을 부정하는 생각이라고 볼 수 있을 것입니다.

3. 자, 이제 우리는 신의 존재를 받아들이기로 결정합니다

논의가 충분하지 않은 것 같습니다. 그러나 우선 결론을 먼저 말해 보고자 합니다. 이제 우리는 신의 존재를 인정합니다. 이것은 중요한 결정입니다. 신은 다른 사물처럼 객관적으로 존재하지 않는 방식으로 존재합니다. 다석 류영모는 신은, "물질로는 없고 얼(성령)과 빔(허공)으로 계시기 때문에 없이 계신다"라고 하였습니다.[8] 여기에는 깊은 통찰이 엿보입니다. 성서를 읽어 보면 신을 직접 대면한 사람을 찾을 수 없습니다. 모세에게 야훼 하느님은 "나는 스스로 있는 나다"라고 자신을 소개했습니다(출 3:14). 모세에게 보이지 않는 야훼는 스스로 있는 존재라는 것입니다. 보이지 않는다고 해서, 아니 더 나아가서, 없다고 해서 존재하지 않는 것은 아닙니다. 신은 없지만 존재합니다. 그러나 이것으로 신이 누구인지 다 설명되는 것은 아닙니다. 왜냐하면, 없이 존재하는 것은 신뿐만이 아니라, 다른 영적인 존재(예, 사탄)도 그렇게 존재하기 때문입니다. "없이 계시는 분"이나 "스스로 계시는 분"이라는 설명은 형식적인 설명이지 내용적인 것은 아닙니다. 아직 우리는 신이 어떤 분인가를 본격적으로 논의하지 않았습니다. 그러나 우선 신의 존재를 인정하는 것에 이르렀을 뿐입니다. 이제 무신론을 넘어 인간성을 회복하는 신을 찾아야합니다. 우리

---

8 류영모, 『다석어록』 박영호, 『잃어버린 예수』(교양인, 2007) 256 쪽에서 재인용.

는 이러한 신을 그리스도 예수의 말씀과 행위, 그리고 사도 바울과 같은 사도들의 가르침이 포함되어 있는 신약에서 그리고 그 이후의 교회의 역사에서 찾을 수 있습니다.

이제 우리는 신의 존재를 인정합니다! 신학이 신을 대상으로 삼는 학문이라고 한다면, 신학은 신의 존재를 인정하는 것을 전제로 해야 합니다. 신학은 다른 학문처럼 학문의 대상을 자명하게 드러내거나 증명할 수는 없지만, 신 존재의 인정 없이 신학을 할 수는 없습니다.

그런데, 신의 존재를 증명할 수 없고, 객관적으로 분석할 수 없기 때문에 신학은 다른 일반 학문들과는 달리 항상 위태롭게 전개될 수밖에 없다고 하겠습니다. 위대한 신학자인 성 토마스 아퀴나스는 신을 자기 주제로 삼는 신학은 학문으로서 부족할 수 있음을 인정하였습니다. 그러나 토마스는 이러한 본질적인 약함에도 불구하고, 신학은 모든 지적인 노력 중 가장 가치 있고 기쁜 일이라고 했습니다.[9] 신 자체를 인정하지 않거나, 존재의 근거(the Ground of Being) 혹은 상호존재의 근거(the Ground of *InterBeing*)인 신을 잊고 사는 현대인들의 삶은 메마를 수밖에 없을 것입니다.[10] 위에서 보았듯이, 무신론자들은 신을 인정하는 순간 긍정

---

9 아이허, 129 쪽.

10 *InterBeing*(상호존재)은 폴 니터가 불교로부터 끌어 온 개념이다. Paul Knitter, *Without Buddah, I would not be a Christian* (Oxford, UK: Oneworl, 2009), 19.

적인 인간성이 신에 의해서 박탈당한다고 주장합니다. 그러므로 신이 없어져야 인간성이 발현될 수 있다고 했습니다. 그러나 초월자, 아니 초월적인 능력이라는 것이 실제로 존재하지 않고, 인간이 초월할 수 있을까요?

　　토의를 위한 질문: 신 존재를 인정하는 것이 그렇지 않은 경우에 비해서 유리한가요? 우리가 신 존재를 인정하고 나면 잃는 것은 없을까요?

제3장
신학의 주제

지금까지 신학의 대상은 신이라는 점이 부각되었고, 신 존재의 문제는 하나의 결단의 문제이며, 이 결단은 무모한 것이 아니라 근거가 있는 것이라는 점을 강조했습니다. 무신론자들마저도 초월적인 능력을 인정한다면, 우리가 신적인 것, 초월적인 것을 굳이 부인할 필요가 없을 뿐 아니라, 우리의 인간성을 위해 필수적인 것으로 인정해야 합니다. 신은 존재합니다. 문제는 그 신이 어떤 신이냐는 것입니다. 어떤 신이냐는 질문은 곧 신 관념(idea of God)에 관한 질문입니다. 즉, 신을 연구하는 학문인 신학의 주제(subject)는 신 이해이며 신 관념입니다. 신 이해 혹은 신 지식(Knowledge of God)은 모든 신학적 지식의 출발점이며, 전거 틀(point of reference)이며, 근거이며, 최종 목적지라고 봅니다.

그렇다면 신학적 분석과 이해의 과정을 통해서 산출되는 신학적 지식은 무엇이겠습니까? 즉 신학은 어떤 지식을 추구하는 것입니까? 신학적 지식이란 인간, 사회, 역사, 자연을 올바른 신 이해에 근거하여 이해한 결과물들이라고 해야 할 것입니다. 그러나 무엇보다도 신학은 신 이해를 추구합니다. **모든 신학적 지식은 신 이해에서 비롯되며, 신 이해를 반영하며, 신 이해를 지향합니다.** 따라서 신 이해는 신학의 우선적인 주제입니다. 신 이해란 신은 어떤 분인가, 어떤 속성을 가진 분인가를 말합니다.

그런데 우리는 신을 일반적인 대상들처럼 직접적으로 관찰할 수도 없고, 그분에 대하여 직접적인 경험을 할 수도 없습니다. 비록 우리가 신을 직접 경험할 수는 없더라도 우리의 삶에는 아무 공로 없이 주어지는 은혜의 경험, 일상을 뛰어넘는 초월의 경험, 깊은 사랑에의 빠짐, 아름다운 자연 속에서의 축복의 느낌, 뜻밖의 깨달음, 절망 한가운데에서 솟아오르는 희망과 용기 등 생각지 못한 특별한 경험이 일어나고 있습니다. 이러한 순간들이 초월의 경험입니다. 이것들은 직접적인 신 체험은 아닐지라도 간접적인 신 체험이라고 말할 수 있습니다. 간접적인 신 체험으로서의 초월의 경험은 개인과 집단의 삶 속에서 항상은 아니지만 확실히 경험되는 것을 부정할 수 없습니다. 그러나 이것이 직접 신을 만난 경험이라고 말한다면 지나침이 있습니다. 이것은 간접적인 신 경험일 뿐입니다.

1. 상징적 언어로서의 성서의 언어

우리는 신을 직접 경험할 수 없고, 간접적으로 경험할 뿐인데요, 신을 직접 보려고 하는 것은 마치 태양을 직접 맨눈으로 보려고 시도하는 것과 비슷합니다. 이글거리는 태양을 직접 본다면 우리의 눈은 멀고 말 것입니다. 태양광을 차단하여 태양의 윤곽을 볼 수 있게 하는 짙은 색안경이나 용접모를 쓰지 않고서는 태양을 향해 볼 수 없습니다. 이처럼 우리는 신을 직접 만나는 것이 아니라, 매개를 통해서 간접적으로 만납니다. 짙은 색안경과 용접모가 바로 그 매개와 같은 것이라고 할 수 있습니다. 태양을 맨눈으로 볼 수 없고 매개를 통해서만 볼 수 있듯이, 우리는 신을 매개를 통해서 경험할 수 있습니다. 이러한 매개는 투명체(transparent)가 아니라 흐릿한 반투명체(translucent)입니다.

성서의 말씀은 신을 알려주는 대표적인 매개체입니다. 우리는 이 성서의 말씀과 이야기를 듣거나 읽을 때 하느님이 어떤 분인가를 알 수 있게 됩니다.

성서의 계시적 말씀과 언어는 신앙의 언어들이며, 이것들은 하느님이 어떤 분인가를 간접적으로 알려주는 언어들입니다. 이 언어들은 사전적, 실증적인 것이 아니라, 자기 자신이 아닌 다른 것을 가리키는 상징적인 언어이므로, 그것을 문자 그대로 대상을 완전히 보여주는 투명한 언어로 이해해서는 안 됩니다. 성서의 언어들과 이야기들은 특별한 언어이며, 그것은 계시적 내지는 상징적입니다. 이것은 그것 자체로 계시가 아니라는 것이며, 계시를 간접적으로 가리키는 언어들이라는 것입니다(여기서 '계시 자체'와 '계시적'의 차이에 주의해야 합니다).

신학은 성서의 언어들 속에서 오늘을 위한 계시를 찾으려고 노력합니다. 그리고 거기에 머물지 않고 인간의 언어(예, 인간의 문화, 예술, 인간의 모든 학문, 인간의 경험과 이야기들) 속에 있을 수 있는 계시적인 것을 찾으려고 합니다. 이러한 언어들 속에 신의 흔적, 신적인 요소들이 잠재해 있습니다. 이러한 언어들이 투명하게 대상을 보여준다면 해석의 과정이 필요 없을 것입니다. 그러나 흐릿하여 반투명하기 때문에 해석학적 과정이 요청됩니다. 우리는 종말에 가서야 모든 것을 투명하게 보게 될 것입니다(고린도전서 13.12, "지금은 우리가 거울 속에서 영상을 보듯이 희미하게 보지마는, 그 때에는 우리가 얼굴과 얼굴을 마주 볼 것입니다").

2. 신학의 한계와 가능성

인간 언어의 한계와 가능성을 말했습니다. 이제 신학의 한계와 가능성도 말해야 합니다. 모든 신학은 상황 신학이라는 말이 있습니다. 신학은 신학자가 처해 있는 구체적인 상황과 소통해야 하므로 상황적입니다. 상황적이라는 말이 한계인 것처럼 보이기도 합니다.

예를 들어 우리가 어떤 지역의 경치를 볼 때 그것을 다른 각도와 지점에서 보게 되면, 서로 다르게 보이지만 그 지형의 경치가 하나가 아닌 것은 아닙니다. 아래의 사진들을 파노라마로 합성할 수 있듯이, 하나의 경치를 바로 보려면 다양한 각도로 여러 장을 찍어 하나의 경치를 잡을 수 있습니다. 이처럼 경치에도 하나의 객관이 있습니다. 다만 이 객관이 다양하게 보일 뿐입니다. 한 지역의 경치도 종합적이고 객관적인 하나가 있을 수 있듯이, 신학적 대답도 하나를 지향할 수 있습니다. 비록 완전하고 단일한 대답에 이를 수는 없을 지라도 그것을 지향할 수는 있는 것이라는 말씀입니다. 아래의 파노라마로 합성된 것도 결국은 360도 전체로 본 것이 아니기 때문에 일정한 각도들의 종합일 뿐이므로 경치의 전체는 될 수 없습니다. 다만 그것을 지향하고 있음을 보여줍니다.

위에서 신학은 관점을 갖고 있다고 하였는데, 그 관점은 신학자가 처해 있는 상황에서 비롯됩니다. 관점은 언제나 부분적이고, 구체적이며, 임시적일 수 있습니다.

우리의 신학이 상황적이고 특정한 관점을 갖는 것은 피할 수 없는 현실이며, 그것은 우리를 실망시킬 일이 아니라, 찬양할 일입니다. 그러나 이렇게 다양한 관점들이 있다는 것을 찬양만 해서는 안 됩니다. 왜냐하면 우리는 다양한 관점의 신학들을 접하면서 그것들을 비판적으로 성찰해야 합니다. 다양한 관점의 신학들 각각의 내적인 신학적 중심 주제가 무엇인지, 그리고 그 주제를 중심으로 소주제들이 어떻게 엮이고 있는지를 살펴야 합니다. 그리고 그 비판적 성찰을 거쳐서 보다 더 풍부한, 그리고 보다 더 사랑과 정의를 실현하는 신학적 담론에 이르도록 노력해야 합니다.

진리는 항상 구체적인 것에서 실현됩니다. 공중에 붕 떠서, 구체적 현실과 무관한, 소위 보편적인 진리란 없다는 말입니다. 물론 사랑, 아름다움, 정의는 각각의 영역에서 진리입니다. 그렇지만 그것은 역사와 상황 속에서 실현되는 것이므로 그 구체적인 형태는 시기와 장소에 따라 다를 것입니다. 이렇게 진리가 시간과 장소에 의해 다양하게 나타난다면, 신학도 그처럼 다양하게 나타날 수밖에 없다는 말이 됩니다. 그렇다면 신학은 보편적인 학문이 될 수 없고 보편적 신학도 없다는 말인가요? 그런 신학은 상상은 할 수 있어도 실제에서는 불가능합니다.

한 풍경을 다른 각도에서 찍은 사진들

위의 사진들을 하나의 풍경으로 모은 사진

관점은 많고, 입장도 다양합니다. 그러므로 다양한 신학들이 나올 수밖에 없습니다. 우리는 다양한 신학의 관점들을 고려하면서 실제로는 불가능한 보편적인 신학을 지향할 수 있습니다. "여성신학"은 여성의 경험을 출발점으로 삼습니다. "아시아의 신학"은 아시아인의 경험과 문화로부터 출발합니다. "종교신학"은 여러 종교들의 경험을 존중하는 것으로부터 출발합니다. 가난한 자들에 대한 관심을 갖는 "민중신학," "해방신학"은 빈자의 경험을 출발점으로 삼습니다. 이처럼 각 신학은 자기의 질문과 상황으로부터 출발합니다. 그리고 각각의 신학도 사람마다 다양한 방향으로 전개되고 있기 때문에 그 결과가 서로 다를 수 있습니다. 이렇게 볼 때, 보편적인 신학이 불가능한 것처럼 보입니다. 맞습니다. 다만, 진리의 신학은 가능할 것입니다. 각각 자기의 처해 있는 입장에 충실한 신학이지만, 신학적 진리는 그 처한 상황에서 비롯되는 것입니다. 그러나 이러한 상황 신학들은 보편성의 획득을 위한 노력을 중단해서는 안 됩니다. 이러한 다른 경험들과 관점들을 모두 관통할 수 있는 보편적 진리를 찾을 수 있겠습니까? 불가능한 것처럼 보입니다. 그러나 그것을 추구하는 것이 신학자들의 주요한 과제가 아닐 수 없습니다. 보편적인 신학이란 다름이 아니라, 내용이 풍부한 신학이라고도 할 수 있겠습니다. 보편적 신학은 서로 다름을 존중하면서 동시에 그것들을 관통하여 망라하는 진정성 있는 메시지를 갖는 신학일 것입니다.

신학은 신에 대한 인간의 언어입니다. 우리는 계시 즉 하느님의 말씀과 인간의 말을 구별해야 합니다. 인간의 언어로 구성되어 있는 신학은 하느님의 말씀이 아닙니다. 그리고 모든 신학은 하나의 신학(a theology)이며, 유일하고 완벽한 신학(the theology)은 지향해야 할 목표입니다.

제4장

신은 누구인가?

이미 말한 바와 같이 신학의 가장 중요한 주제는 하느님입니다. 이것은 "신은 누구이며, 어떻게 신을 알 수 있는가" 하는 질문입니다.

1. 하느님을 아는 지식

우선, 하느님을 어떻게 알 수 있는가요? 우리는 이렇게 대답할 수 있을 겁니다. 즉 하느님 자신이 우리들에게 자신을 알리신다. 그것을 우리는 수용할 뿐이라고. 즉 하느님에 대해 아는 것은 하느님으로부터 오는 것이지 우리들의 지식으로부터 유래하는 것이 아니라는 것입니다. 하느님을 아는 지식은 우리로부터 출발하여 하느님에게 도달하는 것이 아니라, 하느님으로부터 출발하여 우리에게 도달합니다. 우리는 하느님으로부터 오는 신적인 계시를 기초로 하여 하느님을 아는 지식을 도출합니다. 하느님은 인격적인 존재로서 자신을 끊임없이 우리 인간들에게 다양한 매개를 통하여 자신을 표현한다고 하겠습니다. 이러한 하느님의 자기표현을 신의 계시(revelation)라고 합니다. 계시의 매체는 다양한 것이 있는데 자연, 역사, 성서, 그리고 예수 그리스도 등입니다.

1) 자연 계시

오랜 시간 동안 많은 문화와 민족들은 인간의 도덕적인 삶과 자연의 현상 뒤에 어떤 신적인 실재가 있어서 그것이 반영되고 있다고 믿었습니다. 예를 들어 인간 안에 도덕적인 마음이 있다는 것은 하느님의 의지의 반영이라는 것이며, 자연 현상에서 천둥 번개 혹은 기적과 같은 놀라운 일이 일어나면 그것도 전능하신 하느님의 활동을 나타내는 것이라고 보았습니다. 옛 사람들은 신은 자연 속에서 자신이 누구인가를 보여준다고 생각했습니다. 자연의 웅대함, 아름다움을 볼 때 저런 자연을 만드신 하느님의 위대하심을 말합니다. 시편의 말씀에도 이런 말씀이 있습니다. "하늘은 하느님의 영광을 드러내고, 창공은 그의 솜씨를 알려 준다"(시 19,1). 사도 바울은 이렇게 말했습니다. "하느님을 알 말한 일이 사람에게 환히 드러나 있습니다. 하느님께서 그것을 환히 드러내 주셨습니다. 이 세상 창조 때로부터, 하느님의 보이지 않는 속성, 곧 그분의 영원하신 능력과 신성은, 사람이 그 지으신 만물을 보고서 깨닫게 되어 있습니다. 그러므로 사람들은 핑계를 댈 수가 없습니다"(롬 1,19-20). 이러한 텍스트들은 우리가 피조 세계를 들여다보면 하느님의 영광과 속성을 알 수 있다는 것을 말해 줍니다.

물리적 자연뿐만 아니라, 인간의 자연적인 본성에 도덕적 양심이 있다는 것도 신의 존재를 보여줍니다. 사도 바울은 이것을 다음과 같이 말해 줍니다. "그런 사람은, 율법이 요구하는 일이 자기의 마음에 적혀 있음을 드러내 보입니다. 그들의 양심도 이 사실을 증언합니다. 그들의 생각이 서로 고발하기도 하고 변호하기도 합니다"(롬 2,15). 사도 바울은 율법은 신의 뜻을 담고 있고, 인간의 양심은 그 율법 자체를 모르고도 율법의 요구를 알 수 있는데, 그것은 마음에 율법이 이미 적혀 있기 때문이라고 했습니다.

간단히 말해, 우리는 물리적 자연으로부터 그리고 인간 양심으로부터 신성을 유추해 낼 수 있습니다. 그런데 자연 세계를 들여다보게 되면 무자비한 질서가 보이기도 합니다. 강자가 약자를 착취하고 억누르며, 맹수는 초식동물을 잡아먹고, 날마다 새로운 질병을 일으키는 세균들이 늘어나고 있습니다. 인간의 본성을 들여다보더라도, 인간의 본성이 항상 선한 것이 아니고 매우 악하기도 합니다. 양심을 저버리고 악한 일을 자행하면서도 자신을 정당화하고 있는 인간들이 있습니다.

이러한 현상들을 보면서 다른 문명 전통에서는 다신교를 신봉하기도 합니다. 즉 자연 속에는 악한 일도 있고 선한 일도 있기 때문에 이 양자들 사이의 갈등은 서로 다른 신들 사이의 갈등의 반영이라고 생각하였습니다. 그리고 어떤 현상은 어떤 신이 관장하는 것이고 다른 어떤 현상은 다른 신이 관장하는 것이라고 생각하는 등의 다양한 신화가 발전되기도 했습니다. 어떤 종교 문화권에서는 자연의 식물들은 겨울에 죽고 봄에 소생하는 것은 풍요의 신(가나안의 바알 신)을 다른 신이 죽였기 때문에 자연도 죽는 것이고, 봄이 오면 신이 부활하고, 자연도 부활하는 것이라고 이해했습니다. 그리고 중남미의 어떤 종교는 태양신이 그의 적들에 의해 정기적으로 피 흘려 죽는다고 보았고, 그 태양신이 부활하도록 피의 희생양(가끔 인간의 피)을 바치기도 했습니다.

요약하면, 자연현상에 대한 관찰은 다양한 종교적 결론에 도달할 수 있으며, 어떤 것은 인간에게 해악을 주는 방향으로 가닥이 잡히기도 하였습니다. 그렇기 때문에 이스라엘인들을 포함한 고대인들은 신을 이해하기 위해서 다른 기준이 필요하다고 보았습니다. 그들은 이 기준을 역사 속에서 발견하였습니다.

처음 종교는 자연 종교로부터 시작되었습니다. 그것이 점차로 역사적 종교로 발전한 것입니다. 즉 인류는 자연 현상 속에서 자연을 주관하는 신적인 요소들을 발견하였고, 그것을 예배하였다가, 인간의 사회가 형성되고 부족과 국가가 성립하면서 인간 역사를 주관하는 신을 생각하게 되었습니다. 이러한 역사의 신은 전쟁에서 나라를 보호하고, 인간사회가 가지고 있는 온갖 불의와 모순들을 바로잡고 질서를 부여하는 신이라고 생각한 것입니다. 자연을 통해서 알게 된 신은 다신론으로 발전되는 경향이 있지만, 역사와 사회를 통괄하는 신은 유일신적인 성격을 갖습니다. 이것은 역사적 종교인 유대교, 이슬람교, 그리스도교에서 볼 수 있습니다.

2) 역사에서의 계시

이스라엘의 성서(구약)를 읽어보면 이스라엘은 역사 속에서 신이 계시되었다고 믿었음을 확인할 수 있습니다. 이것은 무엇을 의미하냐면, 이스라엘의 신은 목표를 가진 신이라는 것입니다. 자연의 운동은 순환적입니다. 천체들은 돌다가 원래의 자리로 돌아오고, 계절의 변화는 반복합니다. 인간이나 동물은 태어나서, 성장하고, 후손을 낳고, 그리고 늙고, 죽습니다. 그러나 역사는 다릅니다. 역사는 무엇인가 새로운 것을 향해 움직여 나갑니다. 역사 속에도 순환이 없는 것은 아닙니다. 제국은 태어나서 성장하고 죽습니다. 그러나 이것은 이전의 것의 단순한 반복이 아닙니다. 성서는 이것을 말해 줍니다. 성서는 하느님의 이름만을 밝히지 않고, 하느님의 역사 속에서의 활동을 통해서 하느님이 누구인가를 밝히고 있습니다. 하느님은 아브라함, 이삭, 야곱의 하느님이며, 그들의 후손들의 하느님입니다. 하느님의 자기 정체는 그의 행동과 관계되어 있습니다. "나는 너희를 이집트 땅, 종살이하던 집에서 이끌어 낸 주 너희의 하느님이다"(출 20,2).

많은 성서학자들이 이스라엘의 종교와 주변 민족의 종교를 다음과 같이 비교하여왔습니다. 즉, 주변 민족들은 풍요를 주장하는 자연의 신을 섬겼던 것에 비해, 이스라엘은 아브라함과 사라를 갈대아 우르 지방에서 불러내셨고, 이집트의 종살이로부터 이스라엘 백성들을 이끌어 내어 약속의 땅으로 인도하였고, 후에는 바빌론 포로로부터 구해 낸 역사의 신을 섬겼습니다.

이러한 대비는 중요하기는 하지만 절대적이지는 않습니다. 이스라엘의 하느님이 역사 속에서 이스라엘 사람들을 이끌어 해방시키신 분이기도 하지만 그분은 동시에 밭에서 소출을 내게 해 주시는 분이기도 하기 때문입니다. 이스라엘의 신이 이렇게 말씀하셨습니다. "너희가, 내가 세운 규례를 따르고, 내가 명한 계명을 그대로 받들어 지키면, 나는 철 따라 너희에게 비를 내리겠다. 많은 소출을 내고, 들의 나무들은 열매를 맺을 것이다"(레 26,3-4).
이 말씀에서 성서의 하느님은 자연과 역사 모두를 지배하는 분이
지만, 자연보다는 역사를 우선시하는 하느님으로 보입니다.

이렇게 역사에서의 계시는 자연에서의 계시를 바르게 구별하
는 기준이 될 수 있습니다. 역사의 계시 덕분으로 자연 현상 속에
서 무엇이 신의 계시인지를 분간할 수 있는 길이 열리게 되었습
니다. 그리하여 자연의 현상 속에서의 하느님의 활동은 역사 속
에서의 하느님의 활동과 연동되어 움직입니다. 그리하여 백성이
하느님의 역사 즉 이집트의 종살이에서 구원해 내신 하느님을 알
고 그분의 명령을 따를 때 밭의 소출을 풍성하게 얻을 것입니다.

자연 현상을 통해서 신에 접근하려고 할 때 일치된 신에 이르
는 것이 아니라, 다양한 신들에 이르렀던 것과 마찬가지로, 역사
를 통해서 신을 접근하려고 할 때에도 다른 신으로 귀결될 수 있
습니다. 역사 속에 일어나고 있는 모든 것들을 하느님이 하신 일
이라고 생각한다면 이는 잘못입니다. 가장 극단적인 것은 20세
기 아돌프 히틀러의 나치가 저지른 홀로코스트 즉 유대인 대학살
일 것입니다. 또 유럽인들이 아메리카에 와서 원주민들에게 저지
른 학살, 전염병 전파 등의 역사를 모두 하느님이 원하신 일이라
고 말할 수 없습니다. 역사에는 불의, 학대, 착취의 일로 가득 차
있습니다. 이러한 일들을 모두 하느님이 원하시는 일로 간주한다
면 하느님은 불의와 착취를 옹호하는 하느님이 되고 말 것입니다.

그렇기 때문에 역사에서 하느님의 활동을 분간하기 위해서도 우리는 또 다른 기준이 필요하다는 것을 알 수 있습니다. 모든 역사에 하느님은 역사 참여자들, 특히 인간들을 통하여 관여하신다는 점에서 이 역사는 인간의 역사이면서, 하느님의 역사이기도 합니다. 그런데 역사의 결과는 다 하느님의 뜻이 반영된 것은 아닙니다. 왜냐하면 하느님은 개개인의 인격에 개입하지만, 인간 개인의 인격을 마음대로 조종하지 않으시기 때문입니다. 그러므로 개인들과 집단들은 자신의 독단적 결단으로 역사를 만들어 나갑니다. 인간에 개입하는 하느님은 인간을 통하여 역사에 개입하시므로, 역사는 인간의 역사가 됩니다. 그렇다고 인간의 역사 속에 하느님이 없는 것은 아닙니다. 역사 속에 하느님이 계시는데, 인간은 그를 모르거나, 무시하거나, 거역하거나, 충실히 따르거나 하는 것입니다. 그러므로 모든 역사 속에 하느님의 뜻이 담겨 있는 것은 아닙니다. 순수한 인간적인 역사가 있습니다. 그러므로 모든 역사 현상이 그 자체로 하느님을 보여주는 계시라고 말할 수 없습니다.

성서는 무엇이 하느님의 역사인가를 보여 줍니다. 우리는 성서에 비추어서 오늘날의 역사 속에서 무엇이 하느님의 역사인지를 분간합니다. 성서는 이집트로부터의 구원은 하느님의 역사이며, 이 구원의 역사 속에서 하느님이 십계명을 주었다고 보도하고 있습니다. 이집트로부터의 이스라엘 백성의 구원은 후대의 하느님의 역사를 알게 하는 기준이 되었습니다. 바빌론으로부터의 이스라엘 포로들의 귀환은 이집트로부터의 구원의 관점에서 해석하여 그것을 하느님의 활동으로 이해했던 것입니다(신 5,15; 16,12; 24,32). 그리하여 피식민 국가들이 해방되는 것도 하느님의 일로 볼 수 있게 되는 것입니다. 실제로 선지자 아모스는 블레셋 민족이 갑돌(Caphtor)로부터 해방되거나, 아람인(시리아인)들이 기르(Kir)로부터 해방된 것도 하느님의 일로 보았습니다(암 9,7). 그러나 역사는 이렇게 출애굽과 유사한 일만 일어난 것이 아닙니다. 다른 유형의 역사적 사건이 비일비재합니다. 그러한 사건들을 어떻게 보아야 합니까?

역사에서 무엇이 하느님의 일인가? 하느님의 역사라고 판단하게 해 주는 근거나 기준은 무엇인가? 이것에 대해서 논의하기에 앞서, 우선 다음과 같이 요약해 보고자 합니다. 즉, 하느님을 가장 잘 드러내 준 것으로서 기독교인들은 예수 그리스도라고 하고, 유대인들은 히브리 성서(구약)라고 믿습니다.

3) 히브리 성서(구약)로부터

우리는 성서를 통해서 하느님이 누구이신지를 알 수 있습니다. 구약 성서에서는 하느님에 대해서 잘 보여주고 있습니다. 우리는 이스라엘 백성들을 파라오의 압제에서 구해 내시고 낮에는 구름기둥, 밤에는 불기둥으로 이스라엘 백성들을 인도하시고, 홍해를 가르신 그 하느님에 대한 이야기를 구약에서 듣습니다. 태초에 인간과 모든 만물을 창조하신 창조주 이야기도 나오고, 이스라엘을 위하여 12지파를 세우고, 이들을 선택하셔서 하느님의 역사의 증인이 되게 한 이야기도 나옵니다. 하느님은 이방인들을 물리치고 이스라엘 사람들을 가나안 땅에 이스라엘을 세우도록 도우셨습니다.

구약의 하느님에 대한 설명 중에 예수의 이야기와 공통된 부분이 있습니다. 하느님은 창조주이시고, 해방자이시라는 점은 공통됩니다. 그런데 구약에서는 하느님의 말씀을 어기는 자들은 모두 죽이라는 명령이 나타나고(출애굽기 32;27, 레위기 24:14), 하느님은 하느님의 말씀을 어긴 사람들을 죽이고 나서야 화를 푸는 "무서운" 분(여호수아서 7:26)으로 나옵니다.

그러나 구약의 많은 곳에서 하느님은 자애로운 분이시고, 복 주시는 분으로 나타나고 있습니다(시편). 그렇다면 우리는 구약을 통해서 하느님을 어떤 분이라고 생각할 수 있는가? 그래서 크리스천들은 한편으로는 자애로운 분이시지만, 다른 쪽으로는 징벌을 내리시는 무서운 분이시며, 또 거룩한 분으로 고백합니다. 성서 안에서 이렇게 다양하면서 모순된 모습이 나타난다면, 우리는 어떻게 하느님을 말할 수 있을까요? 구약에 나타나고 있는 하느님은 신약의 하느님과 일치하는가요? 예수 그리스도가 보여준 하느님은 구약의 하느님과 다른 것인가요? 하느님의 다양한 얼굴을 대하면서 우리는 예수 그리스도를 보게 됩니다.

4) 예수 그리스도로부터

그리스도교인들은 예수 그리스도가 하느님의 최고의 계시라고 봅니다. 요한복음에는 "말씀이 육신이 되어 우리 가운데 사셨다. … 일찍이 하나님을 본 사람이 없으나, 아버지의 품 속에 계시는 독생자이신 하나님이 그분을 나타내 보이셨다"(1:14, 18, 표준새번역). 사도 바울은 예수가 하느님의 형상이라고 선언했습니다(고후 4:14; 골 1:15). 요한 복음서에서는 예수가 나를 본 사람은 하느님 아버지를 본 것이라고 말씀합니다(요한 14:19). 이것이 가리키는 것은 역사가 자연 속의 신의 계시를 이해하는 데에 열쇠 역할을 하고, 출애굽의 해방 사건이 역사를 이해하는 열쇠의 역할을 하듯이, 예수 그리스도는 하느님의 계시 전체를 위한 열쇠의 역할을 한다는 것입니다.

이것은 적어도 크리스천들에게는 신에 대한 어떠한 이해들도 예수 그리스도에 비추어서 보아야 한다는 것을 의미합니다. 예수 그리스도 즉, 어부들, 세리, 농민, 가난한 자, 병자, 소위 죄인들과 함께 갈릴리의 들녘을 걸었던 그분에게서 우리를 위해 육화된 신을 봅니다. 우리는 예수를 통하여 병든 자를 고치고, 배고픈 자를 먹이고 죄인을 용서해 주며 여성과 어린이, 그리고 이방인들의 존엄성을 보증하여 주고, 교만한 자들을 내치시는 신을 볼 수 있습니다. 이것이 그리스도인들이 믿는 신 이해입니다.

물론 신을 우리 인간이 다 알 수 없습니다. 신과 인간 사이에 거리와 차이가 크기 때문입니다. 이사야 선지자는 신에 대해 이렇게 말했습니다. "'내 생각은 너희 생각과 같지 않다. 나의 길은 너희 길과 같지 않다.' 야훼의 말씀이시다. '하늘이 땅에서 아득하듯 나의 길은 너희 길보다 높다. 나의 생각은 너희 생각보다 높다'"(이사야 55:8-9). 그러나 그 거리는 신의 사랑이 그것을 넘지 못할 정도의 거리는 아닙니다. 우리는 이렇게 말할 수 있을 것입니다. 하느님의 방식이 우리의 방식보다 높은 것과 마찬가지로, 하느님의 사랑은 우리의 사랑보다 크고 높아서 우리에게는 불가능한 것이 신의 사랑에서는 가능한 것이라고. 신과 인간 사이의 간격에 대한 지나친 강조는 예수 그리스도 안에서 신이 인간이 되었다고 하는 육화 사상과 배치될 수 있습니다. 분명히 신은 인간과 매우 다르며, 우리가 상상하는 그 무엇도 넘어섭니다. 그럼에도 불구하고 신을 아는 가장 좋은 방법은 로마의 권력에 의해 십자가에 달리신 갈릴리의 한 목수를 보는 일입니다.

그렇다면 예수 그리스도와 하느님은 같은 분이신가요? 하느님이 인간인 나사렛 예수 안으로 육화했다는 의미는 무엇일까요? 그리스도교의 전통은 이것을 다음과 같이 정리하였습니다.

즉 신이 나사렛 예수 안으로 육화하였으므로, 그 안에 신성과 인성이 함께 있다고. 신성으로는 온전한 하느님이지만, 인성으로는 온전한 인간이라고 정리했습니다. 논리와 합리를 기반으로 하는 철학적 생각으로는 모순되는 정리입니다. 이것 때문에 아리안주의 논쟁이 생겨난 것입니다. 아리우스와 같이 철학적 사고로만 신학을 하는 사람은 무한한 신성이 유한한 인성과 어떻게 하나가 될 수 있는지를 이해할 수 없었습니다.

그렇다면 그리스도로 고백된 나사렛 사람 예수는 성부 하느님과 같은 분은 아닙니다. 교리상으로 볼 때, 신성으로는 그러하지만 인성으로는 하느님이 아니라 인간이기 때문입니다. 그의 신성은 인성, 즉 인간으로서의 활동과 말씀을 통해서 표현되었습니다. 하느님은 보이지 않는 분이시지만 보이지 않는다고 해서 존재하지 않는 것이 아니라 예수에게서 역동적으로 역사하고 실재합니다. 그러므로 예수의 수난 속에 하느님도 수난을 함께 당하신 것입니다. 사랑의 하느님은 예수의 죽음에 함께 하셨고, 그를 사흘 만에 부활시킨 것입니다. 그렇다면 하느님은 오늘날의 죄없이 죽어가는 수많은 피해자들과 함께 고난당하실 것입니다.

예수 안에서 온전히 활동하시는 하느님은 이처럼 우리 안에서도 활동하실 것입니다. 그 하느님은 당신의 뜻을 이 땅에 이루기 위해 지금도 우리들을 부르시는 것입니다. 우리가 그 부르심에 응답하여 고난을 당하면 그 고난 속에 하느님은 함께 하십니다. 이것이 육화의 신앙입니다.

하느님은 역사의 예수 그리스도를 통하여 자신을 가장 잘 드러내 보이셨습니다. 나사렛 예수, 즉 역사적 예수는 하느님 그 자체가 아니라, 하느님의 계시요, 하느님의 상징이라고 하겠습니다. 역사 속에서의 계시는 역사의 상대적 조건 속에 들어와 있는 것이므로 상징적인 성격을 갖습니다.[1] 상징은 그 상징이 가리키는 대상이 있습니다. 예수는 하느님의 상징이요 계시라고 하는 것은 예수가 하느님을 가리키고 드러내는 존재라는 것을 말합니다.

하느님을 계시하고 상징하는 역사적 존재는 예수 그리스도만이 아닙니다. 다양한 것들이 하느님을 상징하고 있습니다. 예를 들어, 지혜(Sophia), 영(구약: Ruach, 신약: Pneuma)은 하느님을 가리키는 대표적인 상징입니다. 신약에서 성령에 대한 고백이 나오기 시작합니다(행 2장). 복음서들은 주로 예수 그리스도에 대해서 보도하고 있는 것에 비해 바울 서신들이나 사도행전에서는 성령에 대한 사도들의 새로운 체험과 경험들을 보도해 주고 있습니다. 물론 이러한 성령 신체험들의 중심에는 예수 그리스도가 있습니다.

---

1 Paul Tillich, *What Is Religion?* ed. James Luther Adams (New York: Harper & Row, 1973), 146.

2. 신의 존재를 위한 증명

신의 존재를 위한 증명은 대체로 두 가지의 방식으로 시도되었습니다. 첫째는 우리의 감각을 사용하여 피조 세계에 기초하여 신 존재를 증명하는 방식이고, 둘째는 우리의 순수이성에 근거하여 신 존재가 필연적이라는 것을 증명하는 방식입니다. 이러한 두 가지의 방법에 의해서 발견되는 신이 그리스도교 신앙에서 믿고 있는 주권자이며 사랑하시는 하느님과 같은 분인가는 또 다른 문제입니다.

어쨌든 위의 두 가지의 방식 중 첫째의 방식에서는 오관의 감각을 통해서 들어오는 인식이야말로 확실하고 명증한 것이라고 믿습니다. 즉 "보아야 믿을 수 있다"라는 입장입니다. 백문이 불여일견입니다. 아무리 들어도 직접 보는 것과 같지 않습니다. 둘째의 이성적이고 합리적인 추론의 귀결로 신을 증명하는 방식은 모든 보이는 것은 끊임없이 변하는 것이고, 이 피조세계는 영원하지 않고 변화하는 것이므로 신과 같은 영원한 존재에 대한 지식은 이러한 변하는 것들에 기초해서는 안 되고 합리적 이성에 의해서 발견되어야 한다는 입장입니다.

1) 피조세계에 기초한 증명

이 세상이 존재하므로 그것의 창조자가 존재할 것이라고 보는 방법입니다. 유명한 이야기가 있습니다. 한 여행가가 사막 한 가운데를 여행하고 있는데 그가 우연히 사막 가운데에서 시계를 주웠다면 그는 그 시계를 만들었던 사람이 분명히 존재했음을 압니다. 우주도 여기에 있습니다. 우주는 시계보다도 훨씬 복잡하고 정교한 것이므로 이것을 만든 존재는 인간보다 더 큰 존재일 것이 분명하다는 증명입니다. 원자, 분자, 유전자 코드, 천체 등등을 관찰하게 되면 그 정교함이 대단하여 이것을 만들 수 있는 존재는 우리 인간들보다 훨씬 높은 능력을 가진 신밖에 없다는 생각에 이르게 됩니다.

좀 더 정교한 증명방법은 중세의 성 토마스 아퀴나스에 의해서 이루어졌습니다. (1) 사물의 운동에 기초하여. 여기에는 최초의 운동자(원동자)가 요구됩니다. 그 최초의 운동자는 부동의 존재로서 신입니다. (2) 원인들의 질서에 기초하여. 모든 사물은 원인을 가지며, 모든 존재의 최초의 궁극적인 원인이 요구되는데 그것이 신이 됩니다. (3) 우연성에 기초하여. 모든 존재는 존재하지 않을 수 있는 우연적인 존재입니다. 그러나 최초의 필연적으로 존재하는 것이 요구되는데 그것이 신입니다. (4) 완전성에 기초하여. 사물은 좀 더 나은 존재들일 수 있고 낮은 존재일 수 있습니다. 다른 사물의 선과 완전을 평가하는 기준이 되는 가장 완전한 존재를 생각할 수 있습니다. 이것이 물론 신이 됩니다. (5) 사물의 목적에 기초하여. 세상의 모든 사물은 일정한 목적을 향해 움직이고 있습니다. 그렇기 때문에 세계 안에는 질서가 있는 것인데, 신은 궁극적인 목적이며 사물에게 목적을 알려주고 이 목적을 향해 가도록 이끌어 주는 최고의 지적 존재라고 보는 것입니다. 이 신은 사물이 일정한 질서 속에서 목적을 향해 가도록 질서를 부여하는 존재입니다.

2) 순수한 이성에 기초한 증명

두 번째의 방식은 세계가 더 이상 존재하지 않아도 신은 의심의 여지없이 존재한다는 것을 증명하고자 합니다. 다른 말로 하면, 이 증명은 신의 존재는 이성 자체의 절대적인 요청이라는 것을 증명하는 것입니다. 즉, 셀 수 있는 사물들이 있건 없건, 2+2=4가 항상 그런 것처럼 신의 존재는 필연적이라는 것입니다. 삼각형 내각의 합이 180도인 것이 필연인 것처럼 신의 존재도 필연이라는 것입니다. 신이 없다고 하는 주장은 삼각형이 4개의 각을 가진다는 주장과 같다는 얘기입니다.

이런 종류의 신존재 증명법의 고전적인 예는 캔터베리의 안셀름(Anselm of Canterbury, 1033-1109)의 "존재론적 주장"에서 발견됩니다. 안셀름은 신 존재를 피조세계에 기초하여 증명하기 위해 책을 저술한 적이 있었습니다. 그러나 그는 진정한 지식은 감각이나 지각에 의존하지 않는 순수한 합리적인 지식이라고 믿었습니다.

안셀름은 자신이 존재증명을 하려고 하는 하느님을 정의 내렸는데, 하느님은 가장 완벽한 존재, 다른 말로 해서, "존재 그 자체이므로 그보다 더 큰 존재는 있을 수 없다"라고 주장했습니다. 따라서 문제는 정말 이렇게 다른 무엇보다 더 위대한 존재가 있을 수 있는가 하는 것인데, 안셀름은 이러한 위대한 존재를 생각 속에서 찾을 수 있고, 현실 속에서도 찾을 수 있다고 할 때 이 둘 중에서 무엇이 더 완전한가를 질문했습니다. 생각 속에만 존재하는 것보다, 생각과 실제 모두에 존재하는 것이 더 완전할 것이므로 신은 실제로 존재하는 분이 아닐 수 없다는 것이 안셀름의 존재론적 증명법입니다. 비존재가 존재하는 것보다 더 완전할 수 없기 때문에 신은 존재해야 한다고 본 것입니다.[2]

비록 이성에 기초하여 신증명을 하는 모든 방식이 안셀름의 방식을 따르지는 않지만, 이들 간에 한 가지 공통점이 있다면, 그것은 이들 모두 신의 존재는 이성의 절대적 요청이라는 것입니다. 예를 들어, 임마누엘 칸트는 실천이성인 윤리를 위해 그 궁극

---

2 신존재에 대한 안셀름의 존재론적 증명과 아퀴나스의 우주론적 증명에 대한 자세한 설명은 Peter S. Eardley and Carl N. Still, *Aquinas, A Guide for the Perplexed* (London, N.Y.: Continuum, 2010), 18-22 참조.

적인 근거로서의 신의 존재가 필연적으로 요구되므로 신은 존재할 수밖에 없다고 보았습니다.

토의를 위한 질문: 지금까지 신 존재 증명에 대해서 설명하였습니다. 이제 각자 자기가 생각하는 신존재 증명 방법은 무엇인가 서로 생각을 나누어 봅시다.

3) 이러한 증명법들의 가치와 한계들

이러한 증명법들은 많은 사람들이 그리스도교 신앙에 마음을 열도록 도와주었던 것은 사실입니다. 특히 신을 믿는다는 게 비논리적이라고 생각했던 사람들의 마음을 바꾸어 주는 데에 공헌했습니다.

그러나 여기에는 두 가지의 한계가 있습니다. 첫째는 신증명법 모두가 논박될 수 있는 소지를 가지고 있다는 것입니다. 이 증명법을 받아들이지 않는 사람들은 얼마든지 반대논지를 마련할 수 있습니다. 예를 들어, 모든 것의 원인자가 있어야 한다는 논증에서 혹자는 왜 그렇다면 모든 사물의 원인자인 신에게는 그러한 질문이 해당되지 않는가 하는 질문을 던질 수 있습니다. 왜 신에게는 원인자가 없어야만 하는가? 어떻게 세계의 모든 사물들은 원인과 결과의 산물이라고 한다면, 왜 이 원인과 결과의 끊임없는 연계과정 중에 신만이 유독 예외가 될 수 있다는 말인가?

또 다른 예로, 완전한 존재는 실존해야만 한다는 논리 주장도 다양한 방식으로 논박될 수 있습니다. 가장 공통된 방식으로, 실존은 사물의 본질에 속하는 하나의 속성이 아니라는 논박입니다. 안셀름이 저서를 발표하자마자 한 수도자는 이렇게 대답했다고 합니다. "완전한 섬(유토피아)을 생각할 수는 있다. 그러나 그러한 섬은 실제로 존재하지 않을 수 있다." 사실 완전한 존재가 실존의 존재자로 시간과 장소 속에서 존재할 수는 없을 것입니다. 완전한 존재는 시공간을 초월하는 영적인 존재여야 하기 때문입니다.

둘째의 한계는 만약에 이러한 모든 증명들이 무엇인가의 존재성을 증명해 보일 수는 있을지라도 그것이 꼭 그리스도교 신앙의 신은 아닐 수 있다는 것입니다.

만약 모든 사물의 첫 번째의 원인자가 존재한다고 하더라도 그것이 우리가 믿는 하느님과 같은 존재인지는 분명하지 않습니다. 또 순수 필연적인 존재가 성서의 하느님과 동일한가고 질문할 수 있습니다.

우리의 경험에서 비롯되었던, 이성의 요구에서 비롯되었건, 이러한 신 존재 증명은 한계가 있으며, 그리스도교의 신을 가리키지 않으며, 다만 지식인들에게 그리스도교 신앙에 마음을 열도록 하는 전단계의 역할을 한다고 봅니다. 이것은 그리스도교의 신앙으로 들어 갈 수 있도록 문을 열어주는 기능을 할 수 있을 뿐,

신앙으로 인도해 주지는 않을 것으로 봅니다. 불신앙자들 속에 있을 수 있는 어떤 장애물들을 넘어설 수 있게 도울 수는 있을지 모르지만 그것이 성서가 말하는 "살아있는 하느님"을 알게 하지는 못합니다.

3. 신 경험

초월론적, 후험적으로, 그리고 상징을 통하여 간접적으로, 경험된다.

초월론적으로

초월론적인 현상은 인간의 삶 속 어디에서나 작동합니다. 초월론적인 현상은 개개의 인간, 집단, 단체, 민족, 인종 등 인간 사회 속에서, 그리고 사회의 구조 속에도 일어나고 있습니다. 이러한 일반적인 초월론적인 지평들은 그 성격상 보이지 않게 작동하며, 의식되지 않는 방식으로 작동하므로 쉽게 포착되지 않습니다. 그러나 어떤 획기적인 사건이 일어나면 개인, 집단, 사회, 구조가 가지고 있는 초월론적인 지평이 드러나게 됩니다. 그 사건에 직면한 개인이나 집단들은 자기들의 초월론적 구조를 드러냅니다. 쉽게 말해서, 그 획기적인 사건을 중심으로 자기들의 다른 입장, 관점, 세계관을 드러낸다는 말입니다. 한 예로, 2014년 세월호 침몰 사태에 직면하면서 우리 사회의 집단들, 개인들이 자기의 초월론적인 틀을 드러냈습니다. 특히 박근혜 정부와 일부 보수적인 단체와 언론들이 드러낸 인식틀은 세월호 희생자들과 일반국민들의 그것과 전연 달랐습니다. 이들은 세월호 사건은 단순한 해상 조난 사건으로 보고 사태를 철저히 조사하지 않고 덮어 버리려고 했습니다. 이렇듯 초월론적인 것, 즉 the transcendental이란 우리의 인식과 경험을 가능하게 해 주는 숨어 있는 조건들을 말합니다. 다른 말로 하면, 이것은 우리가 겪고 있는 다양한 현상들에 일정한 일관성(coherence)을 가져다주고, 종합하는 기제를 가리킵니다. 이 숨어 있는 기제가 우리의 이해 지평입니다. 실천적이고 비판적인 신학은 이러한 숨어있는 기제, 지평들에 대해서 하느님의 지평, 무한히 확대되는, 사랑과 정의의 초월론적 지평에서 비판적으로 분석합니다.

초월론적 이해 구조는 인간의 개인적 삶과 집단적 삶 어느 곳에서나 작동하는 일반적인 원리입니다. 이러한 선험적 구조가 어떻게 형성되고 어디서 유래하는 것일까요? 많은 철학자들이 이 선험적인 구조의 유래를 달리 설명합니다. 그러나 이 필자는 이것을 다음과 같이 생각합니다. 개인이나 집단마다 이러한 선험적인 구조인 초월론적 구조를 다르게 가지고 있습니다. 각 개인은 그가 속해 있는 시대, 장소, 사회, 나라, 계급, 가족, 나이, 성별, 종교 등등이 다를 뿐만 아니라, 그의 일생의 경험도 다르기 때문에 그의 인식의 선험적, 초월론적 구조가 이에 따라 일정한 형태를 갖게 됩니다.

개인뿐 아니라, 사회적 집단들도 일정한 초월론적 구조를 갖고 있습니다. 이 초월론적 구조가 한 사회 집단의 정치적, 사회적 성격과 구조를 만들어 냅니다. 한 사회가 특정한 사회적 성격과 구조를 갖게 되는 것은 그것이 특정한 초월론적인 구조를 가지고 있기 때문입니다.3 이 초월론적인 구조는 권력관계에 의해서 형

---

3 이러한 초월론적인 것에 대한 생각은 다음과 같다. 임마누엘 칸트가 모든 사람들이 보편적으로 이 초월론적인 것을 인식의 주관 속에 구비하고 있다고 생각했는데, 이 필자는 칸트를 일부 수용하면서, 칸트를 비판했던 프랑스 철학자 알랭 바디우(Alain Badiou)의 초월론적인 것의 이해를 참고하고 일부 받아들인다. 바디우는 초월론적인 것을 주관(subject) 안에 있는 것으로만 간주하지 않고, 객관적인 사물들의 실존안에도 초월론적인 것이 작동하고 있음을 강조하였는데, 이러한 그의 주장은 매우 타당하다. 초월론적인 것이 구조 속에서, 혹은 사회집단들 속에서 작동한다고 본 것은 그의 물질주의적이면서 정치적 힘 관계 접근방법을 쓰고 있음을 볼 수 있다. (이에 반하여, 칸트는 초월론적인 것이 주관에만 자리하는 것으로 보았다는 면에서 관념주의를 열었다.) 바디우는 이 세상은 초월론적인 것에 의해서 질서 지어져 있음으로, 이 세상은 그 안에 존재하는 실존들에게 일정한 서열을 부여한다. 그는 심지어 이 세상 속에 있는 한 실존은 "초월론적 정도"(transcen- dental degree)일 뿐이라고 보았다. 그는 이것을 이렇게 썼다. "...'to exist' can only be said relatively to a world. In effect, existence is nothing but a transcendental degree. It indicates the intensity of appearance of a multiple-being in a determinate world..." Alain Badiou, *Logics of Worlds* (New York, N.Y.: Continuum, 2009), 208. 예를 들자면, 한 실존(예, 가난한 약자)은 신자유주의적 사회(신자유주의적 서열관계로 자리 잡힌 사회)에서 그 서열이 아주 낮은 위치에 즉 아무 말 못하는 하위주체(subaltern)의 위치로 강제된다. 그렇게 되는 이유는 신자유주의라고 하는 세상이 그의 위상을 강제로 그렇게 규정해 버렸기 때문이다. 이 서열이 바뀌어 (혁명적으

성됩니다. 권력이 불의하고, 독재적일수록 사회의 구조는 불의하게 됩니다. 2016년 촛불시위를 촉발시킨 국정농단 사건이 그것을 잘 보여줍니다. 권력은 한 사회에서의 중요도의 우선순위를 결정합니다. 이처럼 초월론적인 구조는 개인과 사회의 우선순위를 결정하는 역할을 합니다. 그러므로 신학은 이러한 우선순위의 작동원리인 초월론적 구조와 요소들에 관심을 가져야 합니다. 왜냐하면 이것은 개인과 사회의 성격을 결정하는 작동원리이며, 영적인 힘이기 때문입니다.

그런데 이러한 기존의 초월론적인 구조를 철저하게 재평가하고 그것을 넘어설 수 있는 새로운 초월론적인 구조와 요소의 출현의 가능성을 신에게서 발견할 수 있다고 생각합니다. 신은 기존의 초월론적 구조를 드러내고, 그것을 대체할 수 있는 새로운 것을 가능하게 하는 원인자라고 보아야 합니다. 만약에 우리와 우리 사회가 새롭게 변혁되었다고 한다면, 그것은 새로운 초월론적인 구조가 형성되었다는 것을 의미하며, 그것은 곧 신의 개입이 있었다고 말할 수 있을 것입니다. 이처럼 신은 기존의 것을 혁명적으로 넘어서는, 새로운 초월론적 구조를 낳는 사건을 일으키는 동인이라고 말 할 수 있습니다.

로) 이 약자가 주인이 되었다고 하자. 이것은 초월론적인 변화(transcendental change) 즉 중요도에 있어서의 서열구조(초월론적인 것)가 변했다고 할 수 있다. 위의 책, 362.

후험적으로

초월론적인 것이 인간의 인식에 직접 대상적인 것으로 인식되지 않지만, 일의 결과로 그것의 존재를 감지할 수 있습니다. 초월론적인 것(the transcendental)은 인간의 인식과 행동의 경험 속에 참여하여 그것을 일정한 형태의 것으로 만듭니다. 우리의 하느님의 경험과 인식도 초월론적인 것의 요소가 될 수 있습니다. 하느님 인식과 경험은 우리의 일상의 경험과 무관한 것이 아니라, 이 경험 안에서 그리고 그것을 통해서 나타납니다. 하느님을 경험하고 인식한다는 것은 직접적인 것이 아니라, 일반적인 경험을 매개로 하여 일어나는 것입니다. 이처럼 우리의 하느님 인식과 경험은 초월론적인 것입니다.[4]

우리 안에 이미 와 있는 하느님(의 계시)은 우리의 일반적 경험 속에서 분명하지 않게, 흐릿하게 비주제적(unthematic)으로 인식되어 집니다. 그런데 시간이 흐른 후에, "아하!" 하는 경험을 하게 됩니다. 그때 하느님이 계셨지 하는 경험입니다. 이렇게 하느님은 비주제적으로, 후험적으로 인식되어집니다.[5] 이러한 것은 경험 후에 일어납니다. 물론, 지금 이 순간, 신이 개입하고 있다는 경험도 할 수 있을 것입니다. 지금 여기에서 카이로스(Kairos)의 시간을 경험할 수 있습니다.[6] 이른바 새로운 가능성

---

4 칼 라너/이봉우 역,『그리스도교 신앙 입문』(왜관: 분도출판사, 1994), 117.
5 위의 책, 79-81.
6 연속적 시간을 가리키는 크로노스(Chronos)의 시간과 반대되는 말로써 결정적

이 일어나는 사건이 일어날 때 우리가 그 한가운데에 있을 수 있습니다. 그러나 그 사건이 사건일 수 있는 것은 우리가 다시 되돌아보기 때문입니다. 진정한 사건은 우리를 다시 돌아보게 부르는 힘이 있습니다. 진정하지 않으면 우리는 그것을 되돌아보지 않습니다.

상징적, 간접적으로

하느님은 자기 자신을 자연과 역사 속에서의 다양한 매체를 통하여 자신을 드러내 주기 때문에, 하느님의 존재(the Being of God)를 가리키는 매체 즉 상징은 다양합니다. 그 상징들은 역사 속에, 그리고 자연 속에, 특별한 책과 문서의 말씀(성서) 속에, 그리고 예수를 비롯한 인물들 안에서 발견됩니다. 하느님은 역사와 자연을 매개로 하여 활동하시며, 이 매개들 속에서 자기 자신을 보이시고, 나아가서는 이 매개를 자기 자신 안으로 수렴함으로써 당신 자신을 확립하는 존재입니다. 이렇게 보게 되면, 어떤 상징들이 하느님의 계시를 담고 있는 진정한 것일까를 분간하는 일이 중요해집니다.

모든 것들이 다 하느님의 계시를 가리키는 상징들인가? 하느님의 계시를 가리키는 상징을 하느님의 존재를 가능하게 하는 구성적 상징(constitutive symbols)이라고 부릅시다. 피조세계는 자

인 시간, 초월적 시간을 가리킨다.

율성을 가지고 있어서 피조세계의 모든 것이 하느님을 가리키는 구성적인 상징이 될 수는 없을 것입니다. 그리고 역사와 자연 속에는 하느님을 반대하는 반구성적, 반계시적 상징들도 있습니다.

그런데 하느님을 가장 잘 드러내 주는 상징은 무엇일까요? 20세기 유명한 신학자 폴 틸리히(Paul Tillich)는 존재 자체(being itself), 존재의 근거(the ground of being), 혹은 존재의 힘(the power of being)이 하느님을 가장 잘 표현해 준다고 하였습니다. 후자의 상징들, 즉 존재의 근거, 존재의 힘이라는 표현은 폴 틸리히 외에도 칼 라너를 포함한 다수의 학자들이 선호하는 언어입니다. 틸리히는 이 존재 자체 등을 비상징적인(nonsymbolic) 표현이라고 하였지만, 이 필자는 이것도 상징이라고 생각하며, 하느님을 구성하는 상징 가운데 하나라고 생각합니다.

하느님은 비존재, 반생명의 힘에 반대하여, 존재하게 하는 힘으로 채워주는 존재의 원천이며 근원이라고 할 때, 이것은 철학적으로 적절한 표현이라고 하겠습니다. 성서의 이야기들, 특히 아브라함, 이삭, 야곱, 모세, 예언자들, 그리고 예수의 이야기에서 나타나는 하느님은 한마디로 우리를 존재하게 하는 힘이라고 정리할 수도 있다는 점에서 "존재의 힘"은 신학적으로 볼 때 하느님을 가리키는 구성적 상징이라고 하겠습니다.

토의를 위한 질문: 다음의 예를 보고, 여기에 나오는 신 관념은

어떤 점에서 문제가 있는지 논의해 봅시다. 예: 2012년 미국 대선과 함께 실시되는 상원의원 선거에서 한 후보가 강간에 의해서 임신이 되었을 때 낙태를 허용해야 하는가 하는 질문에 대해서 다음과 같이 대답했습니다. "생명은 하느님의 선물이다. 그러므로 강간에 의해서 생명이 잉태되었더라도 그것도 하느님이 의도하신 일일 수 있으므로 그럴 경우에도 낙태를 하면 안 된다"(2012년 10월 24일 BBC News).

4. 삼위일체 교리

대표적인 유일신 종교들은 유대교, 이슬람교, 그리고 그리스도교(가톨릭과 개신교)인데, 이들 모두는 아브라함 종교이며, 자매의 종교들입니다. 이 세 종교 모두 히브리 성서의 아브라함을 믿음의 조상으로 삼고 있습니다. 이 중에서 오직 그리스도교만이 삼위일체의 신관을 가지고 있습니다. 유대교의 유일신관이 예수 그리스도에 대한 신앙을 거치면서 삼위일체의 신관으로 발전하였던 것입니다.

삼위일체 신관은 신이 온전히 예수 안에 육화되었다고 하는 요한복음서 1장에 나오는 처음 크리스천들의 고백에서 비롯됩니다. 이로써 초기의 기독교는 예수에게 예배를 드리게 되었습니다. 삼위일체 신관은 하늘에서 내려온 신의 말씀이 아니라 후대의 기독교 교회가 창조해 낸 신학사상입니다. 초대 교회와 크리스천들이 예수의 부활을 경험한 후, 그가 육화된 하느님의 로고스이며, 인간이지만 동시에 하느님과 꼭 같은 신성을 가진 존재라고 고백하면서, 이러한 모든 것들을 종합해서 삼위일체(처음에는 성부와 성자간의 이위일체, 후에 성령의 신성도 성부와 성자의 신성과 같다고 고백)가 이루어진 것입니다. 삼위일체론은 초대 교회의 성찰의 결과물인 것입니다. 달리 말하면, 삼위일체 신관은 초대 기독교 교회와 신자들이 그들이 듣고 믿은 복음으로부터 얻은 하느님에 대한 이해를 종합하여 성실하게 표현한 신조입니다.[7]

삼위일체의 신관의 흔적은 유대교 안에도 존재합니다. 구약의 지혜서나 잠언에서 나오듯이 인격화된 지혜(소피아)는 신이 다양한 모습으로 분화될 가능성을 보여줍니다. 그리고 유대의 신비주의인 카발라 전통에서 나타나는 '쉐키나'라고 하는 인격적 신성도 이러한 신의 분화를 보여줍니다. 신앙의 역사 속에 신의 자기 분화의 추세가 있었던 것은 삼위일체 교리로 넘어갈 수 있는 토양이 될 수 있었지 않았나 싶습니다.[8]

그러나 삼위일체가 교리로 확정되면서, 상식적으로 일반인들이 이를 이해하기 쉽지 않았습니다. 삼위일체의 신관 혹은 교리는 신앙의 경험으로부터 온 요청이었음에도 불구하고, 과학적 사

---

7 Daniel L. Migliore, *Faith Seeking Understanding*, 67.
8 Karen Armstrong, *A History of God*, 247

고를 하는 사람들에게는 도저히 이해될 수 없는 넌센스로 보였습니다. 하느님은 "세 인격 안의 한 본질, 혹은 한 본질을 가진 세 인격(one nature in three persons)"이라는 삼위일체론은 유일신론의 테두리 안에서부터 발전되어 나온 유일신론의 변형된 이론입니다. 그러므로 유일신론의 요소를 갖고 있지만, 전형적인 유일신론 즉 오직 한 분만이 하느님이시라고 하는 좁은 의미의 유일신론을 넘습니다. 그러나 다신론(신이 여럿이다) 혹은 삼신론(신이 세 분이다)으로 가지는 않습니다.

다시 말하면, 삼위일체론은 구약시대를 거치고, 신약시대를 지나, 교회의 시대로 들어오면서 신성에 대한 다양한 경험을 하게 됨에 따라 발전되어 나온 것입니다. 즉, 초대 교회에서는 기도와 예배와 고백에서 예수 그리스도를 주님, 독생자, 로고스, 그리스도로 부르고 신앙의 대상으로 삼았습니다. 그리고 예수가 없는 상황 속에서 예수를 기억하게 하고 신앙인의 삶 속에 오는 신적인 존재를 경험하게 되었는데 이를 성령으로 고백하였습니다. 역사 속에서 성부, 성자, 성령이 존재함을 고백하면서 이를 다신론 혹은 삼신론으로 이해하지 않고 넓은 의미에서의 유일신론으로 귀결시키는 방안으로 "세 분이지만 하나"라는 삼위일체 교리가 성립된 것입니다. 그러나 위에서도 이미 언급된 것처럼, 이러한 삼위일체의 교리는 성찰의 결과물로서 만들어진 것이므로 절대적인 진리가 아닐 수 있습니다. 특히 정통 교리에서 고백되는 삼위일체론은 인간의 모임인 교회의 구성물입니다.

사실, 예수는 공생애 기간 중에 하느님을 사랑하라고 하였고, 본인도 하느님을 아버지라는 호칭으로 불렀으며, 오직 한 분인 하느님을 고백하였습니다. "나의 하느님, 나의 하느님, 어찌하여 나를 버리셨나이까?" "내 뜻대로 하지 마옵시고, 당신 뜻대로 하옵소서" "하늘에 계신 우리 아버지" 등 예수의 말씀에서 우리는 예수가 한 분이신 구약의 창조주 하느님을 인정하고 믿었음을 볼 수 있습니다. 이렇게 신을 예배하고 고백했던 예수가 십자가의 고난의 죽음을 당한 것은 모든 인류와 피조물을 구원하기 위한 구속의 행위였다고 하는 교회와 신앙인들의 고백은 예수를 어떻게 보아야 하는가에 대한 강력한 논쟁을 불러 일으켰습니다.

기독교의 자유주의 신학에서는 삼위일체를 백안시했습니다. 그럼에도 신 안에 하나의 본질과 세 분의 인격(one substance/nature and three persons)이 계시다는 삼위일체의 교리는 아직도 유용하며, 신을 그냥 하느님이라고 부를 수 있지만 또한, 삼위일체 하느님이라고 부르게 된 것입니다. 비록 성서가 명시적으로 삼위일체 교리를 표현하고 있지는 않지만, 성부, 성자, 성령은 하나의 하느님으로 보았던 것은 사실입니다. 그러나 삼위일체는 비논리적으로 보입니다. 그것은 얼마든지 논박될 수 있는 것처럼 보입니다. 그럼에도 성서는 성부와 성자, 그리고 성령을 함께 하느님의 범주 안에 놓고 있습니다. 삼위일체에 관련된 논쟁은 다음과 같습니다. 그리스도교는 세 분의 신들을 섬기고 있는 것인가? 아니면, 오직 성부만이 하느님이고 성자는 하느님이 아니며, 성령은 하느님의 한 기능(감동하게 하는 기능)에 불과한 것인가?

기독교 전통에서 삼신론(tritheism, 성부, 성자, 성령을 각각 다른 개별 신으로 보는 입장)과 일신론적 종속론(subordinationism, 성부만이 진정한 신성이고 성자와 성령은 하위의 신성으로 보는 입장), 그리고 신이 세분처럼 보일뿐 내용적으로는 하나라고 하는 양태론(modalism)의 논쟁이 있었는데, 이 모두가 이단적인 것이라고 배제되었습니다. 삼위일체에 관하여 우리는 이렇게 말할 수 있을 것입니다. 세 분은 각각 다르지만 서로 사랑하며 피조세계를 구원하고자 하는 방향성과 의도에서는 같다고.

5. 삼위일체가 주는 의미

삼위일체가 주는 첫 번째 의미는 이 서로 다른 세 분이 내적으로 서로 사랑하는 관계라는 점에서 우리에게 사랑과 보살핌의 윤리를 보여주고 있다는 것입니다. 공동체 안에서의 사랑과 보살핌은 인간의 도리일 뿐만 아니라, 신이 주시는 계시입니다. 그리고 이러한 사랑의 관계는 평등하고 민주적인 인간사회의 관계를 보여주는 신적인 예시이기도 합니다. 이것을 20세기 독일의 유명한 신학자인 위르겐 몰트만 교수는 "사회적 삼위일체"란 말로 표현한 바 있습니다. 몰트만은, 일신론은 황제와 교황을 정점으로 하는 유일적 전제군주제도를 잉태시켰으나, 삼위일체론은 민주적인 평등사회를 지향한다고 했습니다. 일신론은 지배와 심판의 하느님을 가리키고, 삼위일체는 사랑과 비폭력, 민주적인 것을 지향합니다. 삼위 안에 사랑의 관계와 공동체가 존재하기 때문입니다. 이에 반해서, 일신론은 신-교황-황제-한 교회-한 제국 그리고 그 밑에 있는 신민의 하향적 지배질서를 가져온다 했습니다.[9]

삼위일체의 두 번째의 중요한 의미는 이 세분의 다양한 사역이 신의 선교(Missio Dei)를 풍부하게 만들어 준다는 것입니다. 세상을 향한 성부의 창조, 성자의 화해, 성령의 구원에 대한 전통적인 설명에서 볼 수 있듯이, 삼위일체의 교리는 신의 사역의 다양성을 보여줍니다. 특히 최근의 성령에 대한 새로운 이해는 삼위일체 사상을 보다 풍부하게 만들어 주고 있습니다. 이는 전통적인 삼위일체의 이해를 훨씬 넘어서는 것이며, 신에 대한 우리의 이해를 확장시켜주고 있습니다. 또 이렇게 말할 수 있습니다. 삼위일체 하느님은 미래를 향해 열려있다. 삼위일체는 미래를 향해 자기자신을 확대해 나간다.

---

9 위르겐 몰트만/김균진 역, 『삼위일체와 하나님의 나라』 (대한기독교출판사, 1982), 233.

읽기: 위르겐 몰트만, 『삼위일체와 하나님의 나라』(대한기독
교서회)

토의를 위한 질문

삼위일체 교리가 우리의 신앙에 어떠한 도움을 주는가요? 삼위일
체를 인정하거나 부인하면 무엇을 잃고 무엇을 얻을 수 있는가요?

제5장

인간

1. 인간이란 무엇인가?

인간은 환경에 의해 결정되는 존재이면서 동시에 자기 환경을 뛰어넘는 초월적인 존재입니다. 좀 더 자세하게 말하면, 우리 인간들은 우리를 둘러싼 객관적인 조건에 의해 결정적으로 영향을 받습니다. 그러나 우리는 그 조건들 속에서도 조건을 뛰어넘어 새롭게 자신을 형성해 나가는 주체적인 존재이기도 합니다. 인간은 주체자이지만 항상 자신을 뛰어 넘지는 못합니다. 우리는 이전의 행동을 반복하여 이것이 습관화되면 이전의 행동을 답습

하게 됩니다. 이러한 존재들을 주체라고 말하기가 어렵습니다.
왜냐하면 주체는 새로운 것을 시작할 수 있는 존재이기 때문입
니다.

1) 주체로서의 인간

근대 철학의 아버지라고 하는 데카르트(Decartes)는 인간의
자아(ego)를 객관적인 대상 세계 속에서 자기 자신은 변함없이
이 대상 세계를 판단하고 인식하는 자기 통일적 존재라고 생각했
습니다. 그는 이 객관적 대상들에 의해서 인간 자아가 심하게 영
향을 받고 바뀔 수도 있는 존재라는 생각에 미치지 못하였습니
다. 데카르트는 인간의 자아를 자율적 정신으로 대상을 능동적으
로 관찰하고, 의미부과하고, 판단할 수 있는 능력을 가졌다고 믿
고, 대상 자체가 의식 밖에서 자기 스스로 존재하며, 의식에게 영
향을 줄 수 있다는 것은 생각하지 못했습니다. 객관의 모든 것들
은 자아의 의식에 의해서 의심되어져야 하는 존재일 뿐입니다.
데카르트에게 대상은 인간의 자아에 의해서 의식되는 대상에 불
과한 것입니다. 이러한 데카르트의 생각은 인간이 자의적으로 대
상을 주무를 수 있다는 생각을 가지도록 만들었습니다. 이것은
결국 자아의 대상에 대한 생각과 관념을 절대화하고, 그 관념을
생산해 내는 인간 자아를 절대화하게 되었습니다. 그러나 관념은

외적인 조건들에 의해서 계속 변할 수밖에 없으며, 그것을 생산하는 자아도 변하는 존재일 뿐입니다.

주체는 생각할 뿐 아니라 활동을 합니다. 그리고 이 활동도 주체를 형성합니다. 인간 주체가 하는 모든 외적인 활동은 자기 자신의 표현이며 자기를 구성합니다. 인간의 주체를 구성하는 것은 우리들의 활동만이 아닙니다. 우리 주변의 사람들, 당대의 생산력과 생산관계를 포함한 경제적 조건, 우리들에게 들려지는 이야기들, 영상들, 언어들, 즉 모든 외적인 것들이 있습니다. 이런 것들은 지각적인 의식을 통과하지만, 무의식으로 직접 들어와 우리의 자아를 구성합니다. 인간 자아의 외적인 것들은 우리 안에 들어와 시간이 지나면서 망각됩니다. 그러면 그것들은 다른 영역 즉, 무의식 속으로 들어갑니다. 무의식 속으로 옮겨진 기억은 이미지로 변화되어 무의식이라고 하는 큰 "창고"에 저장됩니다.

이렇게 본다면, 우리는 이야기들, 이미지들, 언어들을 보고 들으며, 일정한 경제적 상황 속에서, 그리고 우리와 이웃들과의 관계 속에서, 우리 자신을 형성해 나가는 것입니다. 우리의 의식이 창출하는 일정한 논리적 담론은 순수한 의식의 산물이 아니라, 우리 안에 자리하고 있는 인간의 무의식과의 관련 속에서 만들어집니다. 이러한 생각은 정신분석학자 지그문트 프로이드나 자크 라캉에서 비롯되었지만, 인간의 의지(will)를 특히 인간의 부자유한 의지, 노예의지를 설파했던 위대한 신학사상가 성 어거스틴, 토마스 아퀴나스, 마르틴 루터, 그리고 존 칼빈의 입장과 동일한 것입니다. 이들 사상가들은 인간의 지성이나 이성, 그리고 의식은 노예의지에 사로잡혀 있다고 했습니다. 그러므로 인간이 자력으로 구원을 성취할 수 있는 것이 아니라, 하느님의 은혜로 구원을 받는다고 하였습니다. 이 필자가 말하는 자유롭지 못한 인간의 의식은 무의식에 영향 받는 의식을 말합니다. 무의식에 의한 의식의 지배는 이성이 노예적 의지에 의해 장악된다고 보는 전통 신학적 사상과 맥을 같이 합니다. 다만 이 필자는 우리의 무의식을 구성하고 형성하는 요인들 중에 경제적 조건 등 언어 이전의 객관적 요소를 포함시켜서, 우리의 무의식은 객관적, 물질적 조건 및 상황과 직결되어 있다는 점을 강조하고자 합니다. 그리고 우리의 신학은 신과 관련한 우리들에서 출발한 신학, 즉 주체에 대한 관심에서 비롯한 신학이 되어야 한다고 생각할 때, 오늘날 우리에게 필요한 신학은 "주체의 신학"이 아닌가 생각합니다. "주체의 신학"의 요체는 다음과 같습니다. 주체는 의식과 무의식(신학적으로 말하면, 무의식은 의지에 해당)으로 구성되며, 의식은 일정한 담론을 형성할 수 있는 기능을 갖고 있으며, 무의식은 그 담론을 형성할 수 있는 넓은 토대이고, 기억과 망각의 풍부한 저장고입니다. "주체의 신학"은 인간의 합리적 의식은 의지 즉 무의식에 의해서 지배받는다고 보며, 무의식의 구성과정에 대해서 관심을 가집니다. 그리고 무의식을 구성하고 형성하는 이야기, 언어, 경제적 조건들의 성격을 우리의 신 이해와 관련하여 비판적으로 검토합니다.

그리고 현재의 객관적, 물질적인 조건과 상황은 의식에 결정적인 영향을 주지만, 그것을 변혁할 수 있는 요인들은 기존의 객관적 상황의 바깥에 있다고 하겠습니다. 예를 들어, 기존 질서로부터 소외되어 있는 사람들이나 기존 질서에 편입되지 않은 개혁적인 사람들의 노력과 움직임이라든지, 그들의 움직임에서 표현되어 나오는 온갖 언어들, 이야기, 상징, 은유, 기표 등에 새로움을 향한 가능성이 담겨있습니다. 성서의 언어들도 "새로움의 가능성"을 높여주는 언어입니다.

우리의 무의식 속에 많은 이야기와 언어가 들어옵니다. 우리가 어렸을 적부터 늘 들어 온 성서의 이야기들도 그렇게 우리 안으로 들어옵니다. 그뿐이 아닙니다. 우리는 홍길동전, 춘향전, 심청전 등 고래의 민담 이야기를 들으며 자랐습니다. 이순신 장군, 세종대왕의 이야기, 공자, 맹자, 석가모니 등 성현의 이야기들도 우리 안에 고스란히 들어와 있습니다. 이러한 것들(흔히 문화와 전통이라고 합니다)이 우리 안에 들어와 있다는 것을 평소에는 의식하지 못할 뿐입니다. 그러나 우리의 무의식에는 이러한 것들이 앙상블이 되어 모여 있습니다. 우리 안에 들어와 있는 이야기들은 우리가 특별한 상황에 접할 때, 그 상황과 연계된 특정 이야기들이 새로운 의미를 가지고 무의식 밖으로 나와 의식의 수면위로

올라오고(emerge), 우리의 판단과 행동에 영향을 줍니다. 따라서 신학은 주체들의 해방을 위해서 주체들의 지성과 의식을 형성시키거나 그것에 영향을 끼치는 온갖 외적인 요소들, 특히 이야기들을 성찰하는 것입니다. 크리스천들의 의식 형성에 결정적인 역할을 하는 것은 성서의 이야기들입니다. 또한 크리스천들은 세상 속에 살고 있으므로 세상의 온갖 객관적 물질적인 요인들을 섭렵하므로 그것들의 영향 속에 존재합니다.

이야기는 우리의 무의식 속에 들어와 우리의 주체를 일정하게 형성시켜주지만, 동시에 우리를 위한 진리와 구원을 제공해줍니다. 그래서 역사(history)의 개혁과 해방을 위한 진리는 이야기(story) 속에 담겨있다고 생각합니다. 나아가서 모든 진리는 이야기의 구조를 가지고 있다고 봅니다. 예수의 이야기에 진리가 있습니다. 어떤 명제나 짧은 경구에 진리가 있는 것이 아니라, 어떤 인물의 이야기 속에 진리가 있습니다. 예를 들어, 흘러가는 역사는 그 속에 많은 진리를 품고 있습니다. 그런데 그 진리는 역사 속에서 특정 인물(들)과 관련된 이야기들 안에 있습니다. 여기에서 이야기는 역사적 이야기와 가상적 이야기(민담, 영웅담, 신화 등) 모두를 가리킵니다. 역사 자신은 자기 자신을 해방할 수 없습니다. 이야기와 그 이야기의 예술적 표현들(시, 문학작품 등)이 있어야 역사는 구원받을 수 있습니다. 예를 들어, 성서의 이야기들이 없다면 역사의 구원은 없을 것이라고 말할 수 있습니다. 그만큼 진리를 품는 이야기는 역사를 구원할 수 있는 힘을 가지고 있습니다. 이야기가 없는 역사는 죽은 역사입니다!

2) 주체의 분열

그런데 인간 존재의 중요한 특징이 있습니다. 인간은 일관된 의식으로 일관된 행동을 하지 못 한다는 것입니다. 인간 존재는 서로 다른 요소들, 반대되는 요소들로 구성되어 있습니다. "나는 속사람으로는 하느님의 법을 즐거워하나, 내 지체 속에는 다른 법이 있어서 내 마음의 법과 맞서서 싸우고, 내 지체 속에 있는 죄의 법에다 나를 사로잡는 것을 봅니다. 아, 나는 비참한 인간입니다. 누가 이 죽음의 몸에서 나를 건져 주겠습니까?"(롬 7:22-24). 사도 바울의 이 고백은 분열된 인간의 주체를 말해주고 있습니다. 이것은 나의 의식과 무의식, 나의 자유의지와 노예의지 사이에 분열된 인간 주체의 모습을 말하는 것입니다. 우리의 의식, 자유의지는 아주 좁은 영역입니다. 그리고 그것이 제대로 될 수 있도록 무의식에 주목해야합니다.

무의식은 우리를 노예로 잡아놓기도 하지만, 우리를 자유하게도 할 수 있는 잠재력을 갖고 있으므로, 이 필자는 무의식과 노예의지를 동일한 것으로 보지 않습니다. 노예의지를 양산해 내는 요인 중에 무의식 내지 잠재의식이 있습니다. 예를 들면, 돈을 사랑하는 것은 일종의 노예의지입니다. 대부분의 사람이 돈을 지향합니다. 이것은 부정할 수 없는 현실이지요. 노예의지는 일종의 지향성인데, 자꾸 한쪽으로 지향하는 성질을 말합니다. 그런 지향성은 이 사회의 풍조, 모든 객관적 물질적 여건들이 만들어 놓은 것이라고 하겠습니다. 그러나 무의식이라고 하는 "저장고"에는 좋은 것들, 아주 원초적인 것들(恨, Id, 판타지, 꿈)이 많이 저장되어 있습니다. 그중에 중요한 것은 이야기입니다. 이야기들 중에는 성서의 이야기, 약자들의 이야기, 예언적 선구자들의 이야기, 비극 등이 있습니다. 특히 새로움의 가능성과 초월을 내포하는 작품, 시, 문학 등도 있습니다. 이런 것들은 우리의 무의식에 거하면서 우리를 언제나 변혁시킬 수 있는 가능성입니다.

오히려 우리의 의식이 문제입니다. 우리의 의식과 이성은 대체로 힘이 있는 곳, 나에게 유리한 방향으로 기울어져 있습니다. 그리고 기존의 질서에서 벗어나지를 못하는 경향이 있습니다. 기존의 질서에 순응하지만, 그러나 우리의 깊은 곳에는 그것을 넘어서고자 하는 꿈과 열망이 도사리고 있습니다. 순응주의자들은 이러한 것들을 부질없는 것이라고 눌러 버립니다. 그리고 세상에 순응해 버립니다. 이것이 우리의 의식입니다.

2. 신의 무한지평 안에 있는 인간

그런데 인간은 신의 영향 아래 실존합니다. 인간은 신을 모시는 존재(시천주, 侍天主)입니다. 그러나 대부분의 인간들은 자신이 신을 모시고 있고, 신의 영향 아래 있으며, 신을 향해 나아가는 존재자라는 것을 모르고 있거나, 잊고 있거나, 또는 부정합니다. 우리들 대부분은 우리 앞에 전개되는 보이는 사실과 사물들에만 관심을 두며 살아갑니다. 그 사물들 너머에 보이지 않는 존재를 의식하지 못합니다. 그러나 모든 인간은 그가 잊고 있는 그 무엇 (존재 그 자체. 신)과 더불어 삽니다. 그리고 잘 의식하지 못하고 있지만 그것을 향하여 살아갑니다. 그 존재는 신비이며, 무한 지평입니다. 신학적으로 볼 때, 인간은 신의 지평 속에서 실존하는 존재자입니다. 인간은 신이 열어 놓은 지평 안에 있는 존재입니다. 신학은 이 중요한 삶의 요소를 사람들이 잊고 있음을 일깨웁니다.

이제 신에 대해서 몇 가지의 은유로 말해보겠습니다. 우선, 신을 "계속 자기 확장하는 무한 지평"이라고 은유적으로 말할 수 있습니다. 우리는 이러한 무한 지평 안에서 그 안에 있는 사물들을 봅니다. 그러나 우리는 이 무한 지평을 그 안에 있는 다른 사물들처럼 대상화하여 볼 수 없습니다. 우리가 그것을 포착하고 파악하려고 하면 그것은 다시 저만치 물러나는 지평(ever receding horizon)입니다. 우리가 그것 안에서 다른 사물을 볼 수 있을 뿐이지, 그것 자체를 대상화하여 볼 수 없습니다. 빛도 이와 유사합니다. 빛은 사물을 보게 해주지만, 빛 그 자체는 볼 수 없다. 다만 사물을 통해서만 볼 수 있을 뿐입니다. 공기도 신을 나타내는 좋은 은유일 수 있습니다. 우리는 공기가 없으면 죽게 되지만 평소에 공기를 의식하지는 않습니다. 의미(meaning)도 은유입니다. 우리의 삶 자체와 삶 속에서 일어나는 모든 생각과 행동이 의미 없는 것이 된다면 우리의 삶도 없습니다. 의미가 없는 삶은 죽음과 같습니다. 그런데 궁극적인 존재는 모든 의미의 근원이 됩니다. 우리는 삶의 의미를 생각하지 않고, 매일 매일의 일들에 몰두하며 살아갑니다. 그러다가 어느덧 의미의 고갈을 경험하고 무기력의 슬럼프에 빠지게 됩니다. 마르틴 하이데거와 같은 철학자는 이러한 신비, 의미의 근원, 무한 지평 등을 존재(Being) 혹은 존재 그 자체(Being Itself)라고 하였고, 신학자들은 이것을 신 혹은 신비라고 불렀습니다.

가톨릭 신학자 칼 라너(Karl Rahner)는 인간이 하는 경험에 두 가지의 차원이 있다고 보았습니다. 하나는 초월론적(tran-scendental) 경험이고 다른 하나는 범주적(categorical) 경험입니다.[1] 범주적 경험은 그냥 일상의 경험을 말합니다. 우리는 일반

---

1 Karen Kilby, *The SPCK Introduction to Karl Rahner* (London, UK: SPCK, 2007) kindle electronic version, location 337 이하.

적으로 범주적 경험을 전부인 것으로 생각합니다. 그러나 범주적 경험도 알고 보면 초월론적 경험의 하나라고 하겠습니다. 왜냐하면 모든 경험이 초월론적인 것을 가지고 있기 때문입니다. "초월론적"이란 말은 "경험을 가능하게 하는 조건"이며 인간의 경험과 인식을 가능하게 할 뿐 아니라, 일정한 방향으로 하도록 하는 내적인 기제로서, 선험적인 것입니다. 다만 우리가 그 초월론적인 것을 의식하지 못하고 있을 뿐입니다. 그런데 칼 라너는 초월론적 경험이란 말을 특화하여 하느님의 무한한 은총이 이 초월론적인 것을 변화(확장)시킴으로써 우리의 일상적 경험, 즉 범주적 경험이 초월론적 경험이 되도록 한다고 생각했습니다. 그러니까 초월론적인 경험은 일상적 경험 즉 범주적인 경험을 변혁시켜 줄 수 있는 가능성의 경험입니다. 같은 경험을 새로운 각도, 새로운 방향에서 하게 되는 것을 말합니다. 라너는 이처럼 질적인 변화의 가능성이 있는 경험을 초월론적 경험이라고 짚어서 말했습니다. 그러나 사실은 모든 경험은 이미 초월론적인 것이라고 해야 합니다. 다만 신의 지평 속에 있지 않은 초월론적인 것이라고 말할 수 있겠습니다.

어쨌든, 라너와 관련하여 이 필자의 생각을 종합해 보겠습니다. 어떤 사람이 갑자기 새로워졌다고 합시다. 우리는 그 사람 안에 근본적인 변화가 일어났음을 압니다. 신의 무한한 은총을 경험한 사람에게 이런 변화가 일어날 수 있다고 라너는 생각했습니다. 그것은 그 사람 안에 이미 갖추어져 있는 초월론적인 것에 변화가 일어났기 때문입니다. 초월론적인 것은 우리의 경험, 행동, 인식을 일정한 방향으로 하게 해 주는 내적인 기제, 틀입니다. 그런데 이 틀이 하느님으로부터 오는 무한 지평을 경험하여 확장되면, 지금의 경험을 더 확장된 지평 속에서 하게 됩니다. 그렇게 되면 우리의 경험에 변화가 일어납니다.

3. 일상생활의 쳇바퀴의 지평 속에 갇혀 있는 인간

라너의 초월론적 경험은 일상생활 밖에서 이루어지는 특수한 것이 아니라, 일상생활 안에서 이루어집니다. 초월론적(transcendental) 경험과 비교되는 초월적(transcendent) 경험이 있습니다. 초월적 경험은 신의 신비를 직접 경험하는 것을 말합니다. 두려워 떠는 경험, 무엇인지 모르는 특수한 신비 경험, 환상이나 방언과 같은 엑스타시의 경험들을 초월적 경험이라고 할 수 있는데, 초월적 경험은 일상생활을 매개로 해서 경험되어지는 것이 아니라, 일상생활로부터 떨어진 특수한 상황에서의 경험, 극단(peak)의 경험 속에서 일어나는 것을 가리킵니다. 이러한 경험을 추구하는 사람들은 역사와 사회를 멀리할수록 이러한 경험을 할 수 있을 것으로 생각합니다. 인도의 수행자들은 일상으로부터 떨어진 광야로 나가서 명상을 즐겨합니다. 그런 상황 속에서 초월적 경험을 할 수 있겠지요.

그러나 초월론적인 경험이란 이러한 직접적인 초월의 경험을 가리키는 것이 아니라, 간접적인, 매개가 있는 초월의 경험, 무엇을 통한 초월 경험을 가리킵니다. 한 가지의 경험 속에 두 가지의 차원이 있습니다. 즉 일상의 경험 속에서 범주적 경험을 하지만 동시에 초월론적 경험을 할 수 있는 것입니다. 초월론적 경험은 일상의 경험을 매개로 한 '일상 속에서의 초월의 경험'을 가리킵니다. 이것을 초월적 경험과 구분하여 초월론적 경험이라고 합니다. 인간의 모든 경험은 초월론적인 차원을 가지고 있지만 의식을 못 할 뿐입니다. 이것을 칼 라너는 신과의 관련 속에서의 우리의 삶의 경험, 존재 그 자체와의 관련 속에서의 일상의 경험이라고 합니다. 라너는 우리의 일상 속에서의 경험이 초월론적인 것이 될 수 있도록 깨어있어야 한다고 했습니다. 여기에서 초월론적이라는 말은 삶의 경험을 선험적인 조건인 신의 은총의 지평 속에서 이해하는 것을 말합니다.

자신의 초월론적인 지평의 존재를 의식하지 못하는 사람이 있는가 하면, 그것을 의식하여 좀 더 크고 넓은 지평을 향하여 자기 초월하는 사람이 있습니다. 초월론적인 지평을 의식하지 못하기 때문에 자기 자신의 이해 지평 자체에 아무 문제가 없다고 믿고 그 속에 안주하는 것이 대부분입니다. 그러나 우리는 살아가면서 다양한 사건과 경험에 직면하고 새로운 것들을 경험하면서 지금까지의 이해 지평으로 이해되어지지 않는 삶의 새로운 차원들에 직면하게 됩니다. 이러한 새로움들을 담을 수 있는 보다 넓은 지평이 필요하게 됩니다. 이러한 면에서 우리는 새로운 지평과 옛 지평 사이의 분열 속에서 살며, 항상 변화할 수 있는 존재입니다.

기독교 신앙에서는 이것을 옛 인간과 새 인간 사이의 분열이라고 합니다. '겉 사람은 낡아져가나 속 사람은 날로 새로워진다'고 하는 바울의 고백(고후 4:16)에서 옛 사람을 벗어나 새로운 사람으로 향해 가는 인간의 변화를 볼 수 있습니다. 이러한 분열의 상태를 의식한다는 것은 희망이 있다는 것을 말합니다. 오늘의 현대인들은 분열을 안고 있으면서도 이 분열을 자의식하지 못합니다. 분열 상태를 극복하기 위해서 우리는 신으로부터 오는 은총의 지평, 무한한 절대적인 지평이 우리 삶 속에 이미 들어와 있다는 것, 신이 우리와 함께 하고 있다는 것을 인정해야 하는 것이지요. 그리고 우리의 비좁은 지평을 깨고, 새가 알을 깨고 나오듯이, 새로운 지평을 향해 우리를 옭아매어 놓고 있는 지금의 지평의 외피를 뚫고 나와야 합니다. 그림 2는 이것을 상징적으로 보여줍니다.

그림 5 위의 그림은 프랑스의 천문학자이며 과학소설가인 Camille Flammarion(1842-1925)
의 책에 나오는 판화이다. 중세의 하늘 (즉, 정신적 장벽을 넘어) 바깥의 경이로운 우주와 천체
들을 보고 있는 중세의 순례자를 보여주고 있다. 중세의 스콜라적 정신세계(상징계)를 뛰어넘
어 과학적 새로운 세계에 눈을 뜨는 인간의 모습을 보여주고 있다.

4. 신학: 지혜의 학문

모든 신학은 지식을 포함하지요. 신학은 최소한 성서, 교회,
세상, 인간에 대한 지식을 요구합니다. 예를 들어, 성서의 고대
언어를 익히면 성서에 대한 지식을 가질 수 있습니다. 성서 지리
학, 고고학, 이스라엘의 역사, 셈족과 그리스 로마 문화의 전통과
관습, 교회의 역사 등을 잘 아는 것도 중요합니다. 이러한 지식은
성서의 메시지를 이해하는 데에 도움이 됩니다.

이러한 이유로 신학은 지식(knowledge)을 요구합니다. 그러나 신학은 지식 이상의 것입니다. 신학은 지식의 체계일 뿐 아니라, 더 중요하게는 지혜(wisdom)입니다. 지혜는 사물들의 존재 방식(how things are), 즉 사물들과 집단들의 상호관계가 어떤 구조로 짜여 졌는가를 볼 수 있는지를 구하면서 동시에, 우리가 주체로서 그 사물들 및 그 구조와 어떻게 관계를 맺을지(how to relate to them)를 생각하게 합니다.[2] 신학은 단편적인 지식과 정보를 추구하는 것이 아닙니다. 누구의 아들은 누구이고, 어디서 낳고, 몇 살에 죽었는가 등 지식의 차원은 중요하고 필요하겠지만 그것이 전부가 아닙니다. 신학은 그보다는 인간의 내면의 깊이와 사회 구조(구조의 편제) 등을 들여다보면서 하느님의 정의를 묻는 것입니다. 신학은 무엇보다도 관계를 이해하고자 하는 학문입니다. 서로 다르게 보이는 일들이 어떻게 연결되는가를 구명하는 것입니다. 많은 것들이 어떻게 연결되어 하나의 현상으로 나타날 수 있는지를 구명하는 것이 신학의 과제라고 생각합니다. 하긴 이것은 모든 학문의 과제이기도 하지요. 신학은 많은 요소들이 어떻게 서로 연결되어 정의와 사랑의 관계를 산출해 낼 수 있는가를 구명합니다. 어떤 사회적 관계가 하느님의 나라에 가까운가를 생각합니다.

---

2 Justo L. Gonzáles and Zaida Maldonado Pérez, *An Introduction to Christian Theology* (Nashville, TN: Abingdon, 2002), 26.

인간의 내적 깊이의 영적인 문제는 아파하는 약자들과의 연대하는 마음이 중심이 될 것입니다. 인간 주체의 중심 문제는 연대의 문제, 함께하는 것의 문제일 것입니다. 예를 들어, 세월호 사건의 희생자들과의 연대, 그리고 광주민주화운동에 의해서 죽어간 희생자들과의 연대가 오늘 우리 사회의 역사적이면서 내적, 영적인 문제입니다. 인간의 난개발에 의해 죽어가는 자연 생명들과의 연대도 오늘의 영적인 문제입니다.

사회구조의 문제는 사회구조를 구성하는 요소들이 어떤 편제와 질서로 연결되어 있는가, 무엇이 중심이고 무엇이 주변적인가를 살피는 일일 것입니다. 한 사회가 억압적일 수 있는 것은 그 구성요소들이 그렇게 구조화되었기 때문입니다. 구조화는 그 사회의 최고의 정치권력에 의해 만들어집니다. 독재 시절 최고의 정치적 힘은 군부독재권력이었습니다. 이것이 한 사회를 일정하게 구조화시켰습니다. 정치적 권력은 사회의 구조와 뗄 수 없으며, 영적인 권력이므로 신학적 비판의 대상이 됩니다.

또한, 신학은 계시적 자료들로부터 오는 깨달음으로 세상의 지식과 지혜를 직시합니다. 그리고 그것들의 허무함을 꿰뚫습니다. 신학은 세상적인 지혜와 지식을 해체하여 새로운 지혜를 찾습니다. 신학자는 성서와 관련된 지식을 만드는 일에 머무르지 않습니다. 성서의 계시적 자료들과 오늘의 상황과의 만남과 대화를 조성하여 구원하는 지혜를 찾아 세상을 바꿉니다.

신학자는 박식한 사람이 아니라 말씀에 투신하고 신(진리)에 투신하는 사람이라는 것을 카파도키아의 교부 중의 한 사람인 나지안주스의 그레고리(Gregory of Nazianzus, 330-389)가 강조했습니다. 그레고리는 신학은 지식을 축적하는 직무가 아니라 그것을 통해 영육이 맑아지는 직무라고 했습니다.[3] 신학은 단순한 지적인 게임을 넘어서며, 자신을 투신하는 사람들의 몫입니다. 신학적 지식과 지혜는 사랑을 조성하는 것이어야 합니다. 사랑을 사회적으로 확대하면 정의가 됩니다. 따라서 지혜로서의 신학은 사랑과 정의를 조성하는 학문이라고 할 수 있습니다.

위에 예시된 질문 즉 강간에 의한 임신이 하느님이 의도한 것이라고 할 때, 여기에서 하느님은 모순된 하느님이 됩니다. 그것은 사랑과 정의의 하느님과 결코 어울릴 수 없습니다.

하느님은 사랑과 정의의 하느님지만 우리 사회에는 사랑과 정의는 없고 불의와 부조리가 판을 치고 있다면, 하느님이 정말 역사하고 계시는가하는 질문이 나옵니다. 그러한 세상 속에는 하느님이 없는 것처럼 보입니다. 그러나 하느님은 영으로 역사하시는데 우리의 마음을 움직여서 약자, 소외된 자와 연대하는 마음을 일으킵니다. 만약 우리가 약자와 소외된 자와 의로운 자와 연대하는 마음을 갖는다면 그것은 하느님의 영이 우리 안에서 움직이고 있는 것이라고 하겠습니다.

---

3 Ibid.

제6장

세상

1. 창조신앙에 대하여

　세상은 신과 어떤 관계인가를 생각하려고합니다. 기독교 전통은 신이 이 세상을 창조하였다고 말합니다. 우리는 신이 정말 세상을 창조했는지를 증명할 능력이 없습니다. 다만 전통적인 명제인 신이 세상을 창조했다는 말이 가지는 의미가 무엇이며, 그것이 결국 세상을 위해 좋은 필요한 명제인지를 생각해 보았으면 합니다. 이 명제가 가지는 파급력은 실로 큽니다.

　창조신앙의 명제는 사도신경에 명시되어 있습니다. "전능하사 천지를 만드신 하느님 아버지를 내가 믿사오며"로 시작되는데, 이것은 창세기 1장 이하에 나오는 창조 이야기에 기반하며, 신약에서도 이것을 확인하고 있습니다(사도행전 17:24-26 등). 예수도 창조신앙을 믿었던 것이 확실합니다. 창조신앙은 이후 교회의 공의회에서 확인했습니다. 신학적 지식을 체계화하는 조직신학도 이것을 계속 확인하고 있습니다.

창조신앙은 매우 중요한 통찰력을 주기 때문에, 기독교 신앙의 전반에 큰 영향을 미칩니다. 창조에 대한 고백은 성서에 기록되었으므로 받아들여질 수 있었습니다. 그러나 이것을 인정해야 할 중요한 이유는 다른 데에 있었습니다. 창조신앙을 받아들이지 않으면 다른 필수적인 기독교의 교리가 성립될 수 없기 때문입니다. 즉 만물이 모두 선하게 창조되었다고 하는 고백이나, 예수 그리스도가 인간의 몸으로 오셨다는 것(육화), 인간의 몸이나 물질이 선하게 창조되었다고 하는 고백 등은 만물이 신의 선한 마음에 창조되지 않았다면 성립할 수 없기 때문입니다.

그런데 창조신앙에 의해서 나타나는 문제들이 있는데, 첫째로, 창조계를 대상의 세계, 즉 신의 대리자라고 자처하는 인간들이 남용할 수 있는 대상으로 간주할 수 있다는 것입니다. 이러한 잘못된 인식은 창조계를 마구 남용하여 창조계의 파괴, 공해, 기후변화 등을 일으켰습니다. 둘째로, 만약에 신이 이 세상을 선하게 창조하셨다면, 왜 이 창조질서 속에는 그렇게 많은 악과 고난이 존재하는가 하는 것입니다. 이 역사와 자연 속에서 일어나는 악과 고난을 어떻게 이해해야 하는가의 문제입니다. 이 문제들은 차츰 다루어질 것입니다.

2. 이단들의 도전

신 플라톤주의

신 플라톤주의에 의하면 이 세계는 최고의 신에 의해서 창조된 것이 아니라, 그 다음의 중간신인 데미우르고스(demiurgos)에 의해서 창조되었으며 그렇기 때문에 물질 세상은 불완전하게 창조되었고, 그것들은 기껏해야 순수 이데아계의 불완전한 반영물(copy)에 지나지 않는다는 것입니다. 이러한 사상은 4세기 이후에 신플라톤주의에 의해 강화되었는데, 인간의 영은 순수한 세계를 향한 명상을 통해서 불완전한 세상으로부터 탈출하면, 구원을 받을 수 있다고 보았습니다. 즉, 인간의 몸이나 물질은 이러한 영의 해방을 방해하는 무덤이나 감옥에 불과하다고 보았던 것입니다. 비록 공의회가 이러한 사상을 부정하였지만 이 사상의 영향은 지금도 우리 교회 안에 남아 있습니니다.

영지주의(Gnosticism)

이것은 그리스도교가 나타나기 이전부터 그리고 교회의 시대

이후까지 중근동지역과 로마 그리스 지역까지 광범위하게 확장
되었던 종교적 사상이었습니다. 영지주의자들은 자신들만이 특
별한 지식, 즉 영지(Gnosis)를 가지고 있으며, 물질적인 것보다
영적인 것이 진정한 것이라고 가르쳤습니다. 모든 물질적인, 땅
의 것은 데미우르고스의 작품으로 저급한 것이므로 이것으로부
터 해방되어야 구원받는다고 본 것입니다. 영지주의에서는 신의
영적인 현실은 상위의 세계이며, 그것의 일부가 파편적으로 이
물질 세상에 내려왔고, 물질계 속에 갇혀 혼탁하게 되었다고 봅
니다. 이렇게 갇혀 있는 영적인 것은 특별한 전달자가 전달하는
천상의 메시지를 받아야 해방됩니다. 기독교 영지주의자들은 이
전달자를 예수 그리스도라고 보았습니다. 예수는 세상 속에 갇혀
있는 연약한 영적인 것들을 살려내어 원래의 자리인 영적인 세계
로 되돌려 줄 존재입니다. 따라서 영지주의자들에게는 피조세계
즉 물질계는 영을 가두는 감옥과 같은 곳입니다.

마르시온주의

마르시온이라고 하는 인물이 독특한 창조론을 주창했습니다.
즉, 두 신이 존재하는데, 한 신은 구약의 신으로서 야훼이며, 다
른 신은 예수 그리스도의 아버지로서 최고의 신이라는 것입니다.
야훼는 보복하는 신이며 심지어 무지한 신이기도 합니다. 그리하
여 그는 세상을 잘못 창조하여 불완전하게 만들었고 우리 인간들

을 이러한 곳 안으로 창조한 신입니다. 이에 비해 예수의 아버지 하느님은 사랑하며 돌보는 분입니다. 이 분은 결코 물질계를 창조하지 않았을 것입니다. 왜냐하면 물질은 저급하고 악하기까지 하기 때문입니다. 따라서 출산을 포함한 육신적이고 물질적인 것은 악한 것이며, 예수도 마리아로부터 태어난 것이 아니라, 처음부터 성인으로 나타났으며, 그는 육신을 입지 않고 다만 그렇게 보였을 뿐이라고 주장했습니다. 그리하여 그는 고난을 받을 수 없었고 죽을 수도 없었다는 것입니다.

이러한 이단적인 사상, 즉 신 플라톤주의, 영지주의, 마르시온주의 등을 교회에서는 이단으로 배척하였습니다. 그러나 이들의 영향은 지속되었고 아직도 일부 남아 있습니다. 최근에 "신세대 영성"과 같이 영지주의의 부활이 나타나고 있으며 심지어 "영지적 단체"(Gnostic Societies)들이 나타나고 있는 것은 주목할 만한 현상입니다.

3. 신경을 통한 교회의 응답

이러한 이단들의 입장에 대한 교회의 응답은 창조신앙에 대한 고백과 이것을 교회의 신조에 포함하는 방식으로 이루어졌습니다. 이것은 오늘날까지 가장 잘 알려지고 일반적으로 받아들여지고 있는 사도신경과 니케아 신조로 나타납니다.

전통에 의하면 사도신경은 사도들에 의해서 작성된 것이 아니라, 기원후 약 150년경에 로마에서 통용되기 시작하였다고 합니다. 그리고 9 세기에 이르러 서방 교회에서 광범하게 사용됩니다.

니케아 신조는 325년 니케아 공의회에서 공표되었습니다. 이것은 전체 교회의 공의회 중 첫 번째 공의회였습니다. 이 신조는 다시 381년의 콘스탄티노플 공의회에서 확인되었는데, 사도신경보다 더 일반적으로 사용되고 있습니다. 니케아 신조는 가톨릭 교회와 개신교교회로 구성되는 서방 교회와 그리스, 러시아, 에디오피아, 시리아 정교회 등을 포함하는 동방교회에서 모두 사용되고 있습니다. 사도신경과 니케아 신조는 세례식 때에 세례 받는 이들에 의해 고백되었고, 예배에서 이 신조들이 다시 봉송되면서, 세례 때 고백한 내용을 확인합니다.

이 신조들에서 하느님은 "전능한 분"으로 고백됩니다. "전능한 분"이라는 말은 그리스어로 판토크라토(*pantokrator*, the ruler of everything)인데, 이 말의 의미는 하느님이 어떠한 일도 다 할 수 있다는 뜻이 아니라, 만물이 하느님의 다스림 아래에 있다는 것을 의미합니다. *pan*은 "모든 것"을 의미하고 *crator*는 democracy의 cracy와 같은 뜻으로 지배(government, 다스림)를 의미합니다. 즉, 판토크라토는 모든 것을 다스리는 자를 말합니다.

사도신경은 하느님은 "천지의 창조주"라고 하고, 니케아 신조는 "천지와 보이는 것과 보이지 않는 것 모든 만물을 만드신 분"

으로 고백합니다. 신의 주권은 영지주의자들이 생각하듯이 천상의 실제들에 국한되지 않고 천지와 보이는 것과 보이지 않는 만물을 모두 통괄한다고 하였습니다.

창조신앙은 하느님은 만물의 창조자이며 유지자로서, 만물을 창조하고, 유지하고 살아가게 하는 분으로 고백합니다. 이 고백은 기독교 신앙의 근간이 되었습니다. 이러한 피조세계 속에 예수는 피조된 육을 입고 오셨고 이 속에서 살다가 죽으시고 부활하셨습니다. 이 세상은 선하게 창조되었고 우리들은 이 세상으로부터 도피하거나, 이 세상을 남용하는 것이 아니라, 이 세상에서 책임적으로 살아야 합니다.

4. 창조와 과학

창조에 대한 논쟁은 신조들이 만들어졌다고 끝이 난 것은 아니었습니다. 천지와 보이는 것과 보이지 않는 모든 것을 창조하신 분으로 하느님을 고백했지만 그것의 의미에 대해서는 다양한 방식으로 이해되었던 것입니다. 예를 들어, 13세기에 하느님이 이 세상의 만물을 만드셨을 때 "무로부터" 창조했는가 아니면, 어떤 선재하는 물질로부터 만들었는가 하는 논쟁이 있었습니다. 이즈음에 서방 기독교는 아리스토텔레스의 오래전 저작들을 재발견하게 됩니다. 주로 스페인의 이슬람 철학자 아베로스(Averros)에 의해서 소개된 아리스토텔레스의 사상은 그 시대의 가장 앞선 이슬람권의 과학과 함께 유럽에 당도합니다. 아베로스에 의하면, 우주의 시원적인 물질은 영원하다는 것입니다. 당시의 신학자 중에서는 하느님이 우주를 창조하실 때 이 물질로부터 창조하였다고 주장하는 이들이 있었습니다. 이러한 입장을 부정하는 13세기의 보나벤추라(Bonaventura)와 토마스 아퀴나스(Thomas Aquinas)와 같은 신학자들은 그러한 물질도 하느님이 창조하였다고 주장합니다. 이러한 상황에서 무로부터의 창조(creation *ex nihilo*)라는 신조, 즉 하느님이야말로 유일한 만물의 창조주이며, 원리라고 하는 신조가 나오게 됩니다.

최근의 과학의 발전에 의해서 전통적 창조론에 대한 새로운 도전이 제기되었는데, 그것은 진화론에 의한 도전입니다. 찰스 다윈에 의해서 처음 주장된 진화론은 적자생존의 원칙을 중심으로 하는데, 이 이론에 의하면, 현재의 진화된 생물은 결국 처음의 단계가 있을 것이고 결국은 만물의 공통된 조상들이 있을 것이라는 주장입니다. 그리고 만물 안에 있는 역동적인 능력과 적응력, 그리고 돌연변이는 유기체들이 스스로 자기를 창조하거나 혹은 우발적으로 변화한다는 것을 보여줍니다. 이것은 세계가 자유와 자율성을 갖는다는 것, 즉 신은 더 이상 세계를 마음대로 통제하는 존재가 아니라는 것을 말하는 것입니다. 이러한 진화론은 교회 내에 대단한 논쟁을 불러일으켰고 교회는 이것을 사탄적인 것이라고 했습니다. 그러나 기억해야 할 것은 다윈 자신은 매우 경건한 기독교인이었고 기독교 선교를 적극적으로 지원했던 사실입니다.

진화론이 발표되자 교회는 즉각적으로 이것은 반기독교적인 것으로서 창조를 부정하는 것이라고 선포하였습니다. 이것은 신앙과 과학 사이의 불화를 의미하였습니다. 이후 이 둘 사이의 관계는 지속적인 논쟁거리가 되었습니다. 분명한 것은 교회는 과학의 새로운 발견으로부터 오는 도전을 무조건 무시할 수 없게 되었다는 것입니다.

다음의 도전은 유명한 코페르니쿠스의 이론과 그 이후의 갈릴레오의 이론에 의해서 생겼습니다. 이 두 과학자들은 당시 일반적으로 믿었던 천동설, 즉 지구를 중심으로 태양계가 돈다는 것을 부정하고, 거꾸로 지동설, 즉 지구가 태양 주위를 돈다고 주장하였습니다. 당시 교회는 여호수아 10:12-13에 의거하여 여호수아가 태양을 멈추게 한 것을 지적하면서 이 두 사람의 학설을 비난하였습니다.

과학과 기독교의 긴장 관계의 해결책들이 다양하게 나타났습니다. 어떤 이들은 성서의 창조 이야기는 상징적이거나 은유적인 것이므로 그것은 굳이 과학(진화론)과 모순되는 것이 아니라고 주장했습니다. 그래서 창조론에 나오는 창조의 과정은 진화의 과정과도 엇비슷하다고도 주장했습니다. 다른 이들은 창조론과 진화론과는 아무 모순이 없는데, 왜냐면 창조의 말씀은 우주를 "어떻게"(How) 만들었는가를 말하려는 것이 아니고(즉 과학적인 담론이 아니라), 모든 존재하는 것들은 하느님의 피조물이며 하느님의 섭리와 유지 하에 있는 존재들이라는 것을 가리키는 말씀이라고 이해하면 된다는 것입니다. 그러므로 6일간의 우주 창조냐 아니면 수억 수천 수백만 년의 점진적인 진화냐는 문제가 되지 않는다는 것이지요.

다른 이들은 창세기 1장의 창조 이야기를 문자 그대로 사실이라고 믿자는 주장을 합니다. 이러한 주장을 문자주의라고 합니다. 우리가 잘 아는 대로, 창세기 1장과 2장에서는 창조의 순서가 바뀌어 있습니다. 예를 들어 1:20-27에서 하느님은 동물들을 먼저 만들고 최종적으로 인간을 만드는 것으로 나와 있는데, 2:15-22에서 하느님은 남자를 먼저 만들고, 동물을 만들고, 최종적으로 남자의 갈비뼈로 여자를 만든 것으로 되어 있습니다. 이것을 볼 때 창세기는 하느님이 "어떻게"(과학적으로) 창조했는가를 말하려고 하는 것이 아니라, 모든 존재하는 것들은 하느님의 피조물이라는 것을 말하려고 하는 것임을 알 수 있습니다.

또 다른 집단에서는 창조론은 만물의 시초와 관계하는 것이고, 과학은 만물의 작용에 관계하는 것이라고 보았습니다. 즉 하느님은 모든 만물을 만들어 놓고 나서는 더 이상 관계치 않으십니다. 우주는 이제부터 자신의 합리적인 법칙에 따라 움직이게 된다는 입장입니다. 이러한 주장을 흔히 이신론(理神論, Deism)이라고 합니다. 하느님은 마치 기계를 만드는 자처럼 기계를 만들어 놓은 후 그것이 돌아가도록 해 놓고 그 다음에는 그냥 놔두는 분입니다. 거대한 자동 시계와 같은 기계처럼 이 우주를 만들어 놓고 우주의 법칙에 따라 돌아가게 해 놓는 분입니다. 이신론에서는 계시를 부정합니다. 인간의 이성 속에 이미 신적인 요소가 들어 있기 때문에 성서 말씀과 같은 특별 계시가 더 이상 필요 없게 되며, 자연 계시와 자연 종교만이 의미 있다고 주장합니다. 하느님은 창조주가 맞지만 더 이상 피조세계 안에서 섭리(간섭)하지는 않는 분입니다. 이 세계는 엄격한 합리적 물리학적 법칙에 의해서 움직이기 때문입니다.

이신론은 지난 2-3세기 동안에 기독교 신앙에 대해 심각한 도전을 불러일으켰습니다. 성서는 하느님이 역사와 우주에 섭리, 간섭하시고, 이끄신다고 합니다. 그리고 인간뿐 아니라 모든 생물과 무생물에게까지 관심을 가진 분이라고 하였습니다. 이신론은 우주를 볼 때 닫힌 존재로 봅니다. 그러나 전통적인 기독교 신앙에서는 우주는 열려 있는 존재이며, 하느님이 우주를 종말의 새로운 완성으로 이끄는 것이라고 봅니다. 최근의 과학이 우주를 닫힌 기계와 같은 것으로 보아서는 안 되며, 새로운 확대되는 열린 공간으로 보아야 한다고 주장하기 시작했습니다. 이러한 새로운 과학의 사조는 신앙과 과학의 갈등을 어느 정도 극복할 수 있게 합니다.

기독교 신앙은 닫힌 세계(기계론적인 세계)를 거부하고 열린 세계, 즉 스스로 진화하고 발전하는 유기체적 세계를 받아들이며 동시에, 이 세계가 질서 잡힌 존재라고 생각합니다. 이 우주는 법칙과 질서에 의해서 움직이면서 동시에 이러한 기존의 법칙을 넘어서서 역동적인 변화를 일으키고 있습니다.

토의를 위한 질문: 우주는 열린 존재라고 했는데 그것은 무엇을 의미하는가요? 우주는 신의 디자인에 의해서 진화하고 발전해 가는 존재인가요? 아니면, 아무 외부적인 의도나 디자인이 없이 스스로 진화해 가는 존재인가요? 우주가 스스로 진화해 나가는 것이라면, 신과 인간의 역할은 각각 무엇인가요?

5. 인간의 창조

창조론은 존재하는 만물의 기원의 문제만을 다루는 것이 아니라, 인류가 이 만물들과 어떤 관계를 갖는가 하는 문제도 다룹니다. 오늘날 인류가 자연에 얼마나 큰 해악을 끼치고 있는가를 고려해 볼 때 이 주제는 중요합니다. 인간과 자연환경과의 관계성을 말하기에 앞서 피조세계 안에서의 인간의 위치에 대해서 말할 필요가 있습니다.

1) 인간은 피조물이며, 남녀는 평등하다

창세기 2:7에 "야훼 하느님께서 진흙으로 사람을 빚어 만드시고 코에 입김을 불어 넣으시니, 사람이 되어 숨을 쉬었다"(공동번역). "여호와 하느님께서 이 땅의 흙으로 사람을 지으시고 생기를 그 코에 불어넣으시니 사람이 생령이 되니라"(개역개정판 성경전서). 인간은 "땅의 흙으로부터" 만들어졌다고 합니다. 즉, 우리가 밟고 다니며, 경작하며, 그리고 오염시키고 있는 그 땅의 흙으로부터 만들어졌다는 것입니다. 창조 이야기의 후반부를 보면, 인간이 죄를 짓고 징벌을 받는데 땅도 인간과 함께 저주를 받는다는 말씀이 나옵니다. "아담에게 이르시되 네가 네 아내의 말을 듣고 내가 네게 먹지 말라한 나무의 열매를 먹었은즉 땅은 너로 말미암아 저주를 받고 너는 네 평생에 수고하여야 그 소산을 먹으리라"(창 3:17). 그리고 그 심판의 결과로 "너는 흙이니 흙으로 돌아갈 것이라"고 하였습니다(3:19).

아담이라고 하는 이름은 히브리어의 인간을 지칭하는 아드함(*adham*)이라는 단어에서 나왔으며 동시에 땅을 지칭하는 단어인 아드하마(*adhamah*)로부터 유래합니다. 인간이 땅으로부터 유래했다고 하는 말씀은 인간의 유한성을 말해주기도 합니다. 인간인 우리는 먼지니 먼지로 돌아갈 것이라. 그런데 우리 인간들만 그러한 것이 아니라, 모든 피조물, 모든 동물들도 다 먼지로 만들어졌습니다(창 2:19). 이것이 우리 인간들과 다른 피조물과의 공통점입니다. 다른 말로 하면 모두가 공통된 원자로 만들어졌다고 하겠습니다.

더 나아가서, 창세기 2장의 창조 이야기에 따르면, 모든 동물들은 인간들과의 동반자로 창조되었습니다. "여호와 하느님이 이르시되 사람이 혼자 사는 것이 좋지 아니하니 내가 그를 위하여 배필을 지으리라 하시니라"(창 2:18). 그리하여 새와 가축과 모든 짐승들을 지었습니다. 그리고 우리가 창 1:26에서도 보듯이 인간은 다른 여타의 피조물들을 다스리라고 합니다. 나중에 이 점에 대해서 논의하기로 합니다.

여자와 남자의 관계에 대한 창세기 2장의 이야기에서 남자가 먼저 창조되고, 그다음에 동물, 그리고 마지막으로 여자가 만들어진 것으로 나옵니다. 이것을 전통에서 해석하기를 여자는 남자를 돕는 "도우미"이며 남자는 여자의 주인인 것을 말해 주는 것이라고 생각했습니다. (그러나, 여성들은 이렇게 주장합니다. 가장 나중에 창조된 것은 그만큼 진화 발전된 것이니 여자가 우위라는 것입니다.)

돕는 자(helper)는 히브리 성서에서 사용될 때 주로 이스라엘을 돕는 하느님을 가리킵니다. "적합한" "적당한" "어울리는" 등의 말은 문자대로라면 "그 앞에 서 있는 것과 같은", 즉 거울이며, 동반자를 뜻합니다. 그를 통해서 나를 보는 것과 같은 거울과 같은 존재, 그가 나에게 적합하고 어울리는 동반자입니다. 그런데 불행하게도 일반적으로 이것을 "적당한, 어울리는"이라는 뜻으로 번역했습니다. 그리하여 "그를 돕는 사람, 곧 그에게 알맞은 짝"(a helper fit for him, 창 2: 18)으로 번역한 것입니다. 우리 사회에서는 이런 번역으로 말미암아 여성이 차별받는 지경이 되었습니다. 그리고 동물은 인간과 다르므로 동반자가 될 수 없다면서 지배의 대상이 되었습니다. 인간이 동물들에게 이름을 부여하였는데, 이름을 주는 행위는 곧 지배한다는 것을 의미합니다. 그러나 이것도 과도한 해석이라고 하겠습니다. 이름을 주는 것은 사랑의 관계, 보호의 관계를 가리킵니다. 우리가 2세들에게 이름을 주는 것과 마찬가지입니다. 여기에 동반자의 의미가 되살려져야 합니다. 여성이 나왔을 때 남자는 여성이 자기와 같다는 것을 발견합니다. 그리고 이름 대신에 "뼈 중의 뼈, 살 중의 살"이라고 했습니다. 그리고 그 여자를 그냥 여자(하와, 인간의 여성형)로 불렀습니다(창 2:23). 남성과 여성 사이에 지배와 피지배의 관계는 창조이야기에 포함되어 있지 않습니다. 그러한 관계는 죄에 의해서 생겼다고 성서는 말합니다(창 3:16, "네가 남편을 지배하려고 해도 남편이 너를 다스릴 것이다"). 그러나 죄의 원인을 여성에게 전가한 것은 성서의 한계입니다. 이것은 성서 기록 당시의 시대상을 반영한 것입니다. 그러므로 우리가 성서를 읽을 때, 문자 그대로 받아들이는 것이 아니라 비판적인 관점을 견지하며 읽어야 합니다.

2) 인간은 다른 피조물과 차이가 있다?!

비록 성서에서는 인간과 다른 동식물 모두 흙으로 만들어졌다고 하지만, 인간은 다른 피조물과 다른, 특별한 존재라고 합니다.

창세기 1장에서는 모든 피조물들을 창조하시고 나서 하느님께서는 "우리가 우리의 형상을 따라서, 우리의 모양대로 사람을 만들자. 그리고 그가, 바다의 고기와 공중의 새와 땅 위에 사는 온갖 들짐승과 땅 위를 기어 다니는 모든 길짐승을 다스리게 하자"(창 1:26)고 하셨습니다. 그리고 이어서, "하느님이 당신의 형상대로 사람을 창조하셨으니, 곧 하느님의 형상대로 사람을 창조하셨다. 하느님이 그들을 남자와 여자로 창조하셨다"(창 1:27).

2장에서는 하느님이 먼저 남자를 만드시고, 그가 혼자이니 동반자로서 동물들을 만드셨습니다. 그리고 그의 동반자이자 동등한 존재인 여자를 창조하셨습니다. 갈비뼈로 여자를 만들었다는 것은 이후로 다양하게 해석되어 여성들의 위치에 많은 혼란을 주었습니다. 그러나 여자는 남자의 동반자요 동등한 존재라는 의미로 갈비뼈(뼈 중의 뼈)를 이해해야 할 것입니다.

인간과 다른 피조물의 차이점은 두 가지의 말에서 나타납니다. 즉 첫째로 인간이 동물과 피조물들을 다스리는 것으로 되어 있고, 둘째로, 인간은 하느님의 형상대로 창조되었다는 것입니다.

여기에서 우리는 다음의 점에 주의해야 합니다. 우선, "형상"

과 "다스림"(dominion)은 함께 갑니다. 다스림은 착취와 남용으로 이해되어서는 안 되며, 인간은 모든 피조물과 생태자연을 보존하여 생명이 풍부하게 살 수 있게 가꾸고 보호하는 책임을 다해야 한다는 것입니다. 다음으로는, 인간은 신에 대한 경외를 세계와 생명에 대한 경외로 확대해야 한다는 것입니다. 세계 속에 신이 임재하시기 때문입니다. 이것을 범재신론(Panentheism)이라고 합니다. 범재신론에서는 인간 중심주의적 윤리가 아니라, 모든 피조물의 생명을 살리는 생명윤리가 강조됩니다.

토의를 위한 질문; 인간도 창조자라고 한다면 신의 계속적인 창조는 어떻게 이루어진다고 생각합니까? 신은 인간에게 계속적인 창조를 위임했다고 봅니까? 신의 계속적인 창조는 인간의 창조적인 행위 속에서 작동하는 것인가요?

제7장
죄와 악

세상과 인간은 선하게 창조되었는데 왜 세상 속에 악이 많은 가에 대한 논의를 하고자 합니다. 이 문제를 위에서 이미 제기했었습니다. 기독교 전통에서는 악의 모든 근원을 첫 인간의 타락에서 찾았습니다. 타락 이후에 온 세상이 바뀝니다. 아담과 하와가 저주를 받고, 낙원에서 쫓겨납니다. 땅이 저주를 받고, 형제(카인에 의한 아벨)의 살인 사건이 일어납니다.

1. 타락

창조 이야기(창 1, 2장)를 보면 매우 평화롭고, 목가적입니다. 그런데 창세기 3장에 오면, 갑자기 불행한 이야기들이 나오기 시작합니다. 인간이 신이 그어 놓은 금지선(선악과)을 넘은 것입니다.

이 이야기의 해석에는 전통적으로 두 가지가 있습니다. 하나는 서방교회의 성 어거스틴(St. Augustine, AD 354-430)이 대표하는데, 아담과 하와는 "하느님과 같이" 되고자 하는 욕망에 유혹되었다는 것입니다. 이러한 유혹은 "교만"이라고 하는 죄성을 불러 일으켰다고 합니다. 교만이 모든 악의 근원이 된 것입니다. 이 교만이 인간을 부패하게 만들었고, 자기 자신을 신의 자리에 올려놓았습니다. 신을 사랑하는 것이 아니라, 신 이하의 것들(자기 자신, 육에 대한 사랑 등)을 사랑합니다. 이것의 근원은 교만입니다.

두 번째의 해석 전통은 동방교회의 성 이레니우스(St. Irenaeus, AD 130-202)가 대표합니다. 그에 의하면, 아담과 이브는 이미 하느님과의 유사함(divine likeness)에 이를 수 있는 존재입니다. 왜냐하면 하느님이 그의 형상대로 만들었기 때문입니다. 인간은 하느님처럼 될 수 있는 존재인데 그것을 믿지 않는다는 것입니다. 여기에서 어거스틴의 생각과 크게 다르지요. 이레니우스는 죄의 뿌리는 교만이 아니라, 불신앙이라고 보았습니다. 이미 현실로 되어 있는 것을 믿지 않는 것이 죄라고 본 것입니다.

첫 인류는 성숙의 과정을 거치지 않고 신성화(deification)에 이르고자 했는데 그런 성급함(선악과를 먹은 것)도 잘못이었습니다. 제2의 아담인 예수 그리스도가 육신을 입고 오심은 첫 인간이 못 이룬 신적인 형상의 회복을 실현한 것이라고 보았고, 우리는 그분의 뒤를 따라 꾸준히 정진하면 신적인 존재(divine likeness)에 이르게 된다고 했습니다. 성 이레니우스의 유명한 명제는 이렇습니다: "만약에 말씀이 우리와 같은 인간이 되었다면, 그것은 인간들이 신적인 존재가 되게 하기 위함이다."[1] 말씀이 육을 입은 것은 육이 말씀 즉 신성(예, **부패하지 않음**)을 입을 수 있다는 것입니다. 육은 부패할 수밖에 없는 성격을 가집니다. 그럼에도 하느님의 사랑과 그리스도의 능력으로 육이 부패하지 않는 신성을 입을 수 있다는 것입니다. 그리스도가 몸과 육으로 부활했듯이 말입니다. 이것은 물질(육)의 신적인 가능성을 말한 것입니다. 이러한 신성화론은 이후 동방 신학의 표준이 되었습니다.

이러한 두 가지의 해석은 죄에 대한 다른 이해를 가져왔고, 후대에 큰 영향을 주었습니다. 교만을 죄의 뿌리라고 한다면, 우리, 특히 약자, 억압받고, 가난한 자들이 자기발전을 욕망한다면 그것은 자기 분수를 모르는 교만이 됩니다. 변화나 개혁을 가져오려는 모든 노력에 혹시 자기 분수를 모르는 교만이 있는지 점검해야 합니다. 남미의 해방신학은 세상을 변혁하려는 시도를 보였

---

1 이레니우스 (Irenaeus), 『이단에 반대하여』 5권 서문, *Adv. Haer V*, Preface.

습니다. 이러한 시도에 대해서 옛 교황청이 불신의 눈을 보이는 것도 같은 맥락입니다. 그러나 죄의 뿌리가 불신앙과 망각, 즉 자신이 하느님과 꼭 같지는 않지만, 그러나 하느님과 비슷하다는 것을 잊거나 믿지 않는 것에 있다면, 억압받는 자들은 자신의 인권, 정의를 주장할 수 있게 됩니다.

타락의 결과는 다음과 같았습니다. 여자는 아이를 낳는 고통의 멍에를 지게 되었고, 남자는 자연 속에서 자연과 악전고투하며 생존하여야 합니다. 자연은 인간의 말을 듣지 않고 가시와 엉겅퀴를 냅니다. 형제간의 살인이 일어나는 등 악한 일이 계속됩니다. 악은 현실로 강력한 힘을 발휘하게 되었습니다. 이것이 타락, 즉 불순종의 결과입니다.

악의 현실의 넓이와 깊이에 대해(즉 악이 얼마나 광범위하고 깊은가에 대해) 다양한 다른 견해들이 나와 있습니다. 이것은 다음 세 가지의 요소들의 관계로 설명되어 질 수 있습니다. (1) 하느님은 선하시다, (2) 하느님은 전능하시다, (3) 악은 현실 속에 있다. 이러한 세 가지를 모두 연결시키는 것은 쉽지 않습니다. 그리하여 많은 경우, 이 중 하나(혹은 둘)를 약화시키는 경향이 있습니다. 즉, 무신론자들은 3을 옹호하면서 1과 2를 부정합니다. 또, 악은 현실 속에서 강하지 않다는 것으로 1과 2를 보증하는 방식이 있을 수 있습니다. 1을 부정하면서 즉 신은 그리 선하지 않으신 분이라는 주장으로 2와 3을 보증할 수 있습니다. 낙관적 세계

관을 가진 자유주의 신학에서는 2 혹은 3을 약화시키지만, 정통주의 신학에서는 이에 대항하여 1, 2, 3 모두를 강조합니다. 정통주의의 이러한 선택은 신정론(神正論, 도대체 왜 선한 하느님이 악의 존재를 허락하셨는가?)의 문제를 불러일으켰습니다.

성서의 타락의 이야기는 악의 근원에 대한 설명을 만족시켜 주지는 못합니다. 그러나 성서는 선한 피조세계 속에 악이 존재하고 있음을 말하고자 했고, 그것의 해결 방향을 보여주고자 했던 것입니다. 해결은 신의 원래의 창조의 의도에로 돌아가는 것입니다. 성서는 타락 이야기를 통하여 우리들이 하느님과의 바른 관계로 돌아설 것을 가르치고 있습니다.

신정론에 대답할 수 있는 신 개념은 다음과 같다고 생각합니다. 여성신학, 과정신학에서 특히 비롯된 신개념 입니다. 하느님은 우리를 설득하고 이끌고 보호하는 궁극적인 힘이라는 신 개념 입니다. 정통주의 신학에서는 전능한 신은 악도 창조한다고 주장합니다. 예를 들어, 쓰나미가 일어나서 많은 죄 없는 사람이 죽어도 신이 한 것이라고 설교합니다. 그러나 신은 죄 없는 생명을 죽이는 그런 존재가 아닙니다. 신은 악을 창조하지 않습니다. 신은 세상의 악(가난, 기아, 유랑, 홀로코스트, 학살, 테러, 고문, 살인, 극단주의)으로 말미암아 (우리와 함께) 고난당하십니다. 세상의 악은 인간(의 죄)로부터 나오는 것이지, 신으로부터 오는 것은 아닙니다. 그러나 우리와 함께 고난당하는 하느님은 생명의 길을 보여쭙니다. 이것이 신의 은총입니다. 이 은총에 응답하는 것이 믿음이고 신앙입니다. 신은 은총으로 자유로운 인간 주체 안으로 들어와서 인간 스스로의 자유로운 결단으로 초월적인 이해와 사랑을 결단케 하는 존재의 힘입니다. 인간들이 이러한 힘을 역동적으로 끌어올려서 역사의 자유를 향해 행동할 때 구원과 해방에 오릅니다. 신적인 힘은 인간 개인, 인간들 사이, 인간구조들에 침투하여, 새로운 존재, 새로운 역사, 새로운 사회구조를 향하도록 충동하는 근원적 힘입니다. 이 힘은 없이 있습니다. 이 힘의 이끄심을 받아들이는 것이 신앙이라고 하겠습니다.

2. 죄

그런데 우리 인간 주체는 자유하기 때문에 이 신의 은총, 신적인 힘을 부정하거나 거부할 수 있습니다. 또 신의 은총을 부정하는 맘몬이 지배하는 이 세상의 구조가 우리를 압박하고 있습니다. 공해로 기후변화를 일으키고, 가난한 사람들은 더욱 가난해지고, 힘없는 사람들은 희생양이 되며, 희망 없는 삶을 사는데, 이것은 세상의 구조적 힘에 의해서 그렇게 되는 것입니다. 이것이 개개인의 탐욕과 무관심의 죄로부터 시작했다고 해도 틀리지는 않겠지만, 그러나 그것을 넘어서서 구조적, 체제적인 악에 의해서 이루어집니다. 그 구조와 체제를 지배하는 원리는 영이라고 말할 수 있습니다. 악한 영, 맘몬의 영입니다. 우리 사회가 이러한 악한 영의 포로가 되면 그 결과는 지옥입니다. "헬 조선"이란 말이 그 말입니다.

사회 구조 안에 영적이 있는 것을 다음과 같이 설명할 수 있습니다. 모든 구조물은 그 구조물을 구성하는 부분들이 모여 이루어집니다. 그러나 이 부분들의 합이 구조가 아닙니다. 일정한 질서를 가진 구조로 엮이려면 그 질서를 만드는 α가 존재해야 합니다. 이 α를 이 필자는 초월론적인 것이라고 봅니다. 초월론적인 것은 부분들에게 일정한 질서를 부여합니다. 중요도를 매김으로써 질서가 부여되는 것입니다. 우리 사회에서는 이런 초월론적인 것이 늘 작동하고 있습니다. 이 초월론적인 것은 일정한 방향적 힘을 가지고 부분들을 엮습니다. 따라서 구조는 부분들의 합 + α라고 하겠습니다. 이 α가 영적인 힘을 갖고 있습니다. 그리고 이 초월론적인 α는 구조의 지배 권력으로부터 옵니다.

죄도 이러한 초월론적인 것과 연관되어 있습니다. 구성부분들에 나쁜 방향으로 질서를 부여하고 악한 구조를 만듭니다. 죄는 구조적이며, 영적입니다. 사람들이 하느님의 은총을 거부하고 생명을 살리는 하느님의 힘에 저항할 수 있습니다. 자기의 이권을 위해 타자를 희생시킵니다. 세상의 모든 죄악은 구조적으로 되어 있습니다. 죄는 초월론적인 것이며 가능성이지만, 그것이 행위로 나타나면 악이 됩니다.

개인이나 공동체 등 집단은 이러한 구조악 등의 죄의 영향권으로부터 벗어나기 위해서 주체적으로 자유롭게 결정을 내려야 합니다. 그리고 그 죄의 자리인 초월론적인 것, 구체적으로는, 초월론적 구조를 변혁해야 합니다.[2] 즉 구조 안의 요소들의 우선순위를 바꾸는 새로운 초월론적 구조가 생성되어야합니다. 그러기 위해서는 하느님의 무한한 아가페적 사랑이 우리 안의 초월론적인 구조를 변혁시키도록 우리를 열어 놓아야합니다.

3. 죄의 보편성

죄는 인간의 가능성과 경향성입니다. 죄 자체가 악은 아닙니다. 인간 삶의 한 조건입니다. 바울 사도는 모든 사람이 죄 지었다고 한탄합니다(롬 3:23). 이 죄는 악을 낳는 원인이 됩니다. 죄의 결과는 죽음이라고 할 때 죽음은 악에 속합니다. 하느님, 즉 나(우리들) 밖에 있는 새로운 현실, 지극히 선한 것, 미래를 향해 열려있는 그 무엇을 거부하고 내(우리) 안의 기존의 것에 우선적 가치를 두는 것이 죄입니다. 이것을 신학적으로 "하느님에 대한 저항 혹은 불복종"이라고 부릅니다. 하느님에 대한 저항은 잘못(guilt, 유죄)과 악을 낳습니다. 그러므로 죄는 잘못과 악의 조건

---

2 각 사람과 각 사회의 구조가 모두 이 초월론적인 것을 갖고 있지만, 그것이 각 개인과 사회마다 서로 다른 이유는 그 내부의 요소들의 우선순위적 배열이 다르기 때문이다.

이요, 그것을 저지를 수 있는 가능성과 경향성을 말합니다. 이러한 죄가 우리 안에 보편적으로 와 있습니다. 그런 면에서 우리는 모두 죄에 빠져있다고 하겠습니다. 기독교는 다른 종교들에 비해 인류의 죄에 대한 깊은 이해와 경종을 주고 있습니다. 물론 다른 종교에 죄와 악에 대한 가르침이 없는 것은 아닙니다. 그러나 그리스도교는 다른 종교에 비해 죄성에 대해 유난히 강조하는 데에 독특성이 있습니다. 그리고 그리스도를 이러한 보편적인 죄와 관련하여 이해하고 있는 것도 특징입니다. 즉 그리스도는 우리를 죄로부터 구원하신 구세주라는 믿음입니다.

전통적으로 죄는 우리들의 책임이면서 동시에 보편적 숙명이라고 하였습니다. 그리스도교 전통 교리에서는 모든 사람들이 숙명적으로 죄인이 되었다고 합니다. 많은 사람들이 이러한 교리를 믿지 않으려고 합니다. 그럼에도 인간의 문제를 자세하게 들여다보면 인간은 모두 죄인이라고 말할 수밖에 없습니다. 우리는 최고의 선이며 아름다움인 인격적 하느님 앞에서 부족하고 흠이 있는 죄인이 아닐 수 없습니다. 우리가 죄를 능동적으로 짓기 때문에 죄인기도 하지만, 죄의 연결망 속에 들어있기 때문에 죄로부터 자유롭지 못합니다.

모든 사람들이 죄악의 그늘 아래 있고, 그 영향권 속에 있다고 하는 말을 이렇게 해석할 수 있습니다. 즉, 모든 사람들이 죄인이기는 하지만, 그렇다고 모든 사람이 똑같은 양과 질의 죄를 저지르고 있다고 말할 수는 없다고 봅니다. 가해자가 있는가 하면 피해자가 있습니다. 이 가해와 피해의 영역에서 벗어날 수 없는 것이 인간의 운명입니다. 우리는 다른 존재에게 피해를 주고 있으며 동시에 다른 존재로부터 피해를 받고 있습니다. 이러한 면에서 모든 사람들이 죄와 악의 영향권 안에 존재합니다.

인간은 죄인이기만 한 것은 아닙니다. 죄인이기 때문에 아무 일도 할 수 없는 그런 무능한 존재가 아닙니다. 인간은 가장 영특한 피조물이고, 가장 영적인 존재이기 때문에, 피조계를 보호해야 할 책임을 가지고 있습니다. 인간들은 피조세계의 생명, 평화, 번성을 위하여 하느님이 주신 청지기의 책임을 다해야 합니다. 이러한 청지기의 책임적인 삶을 가장 잘 보인 분이 예수 그리스도입니다.

토의를 위한 질문: 죄론(모든 인간은 죄인이다)이 가지는 긍정적인 요소와 부정적인 요소는 무엇인가요? 다른 말로 하면, 모든 인간은 죄인이라고 하는 주장은 어떤 면에서 긍정적인 효과를 가질 수 있는가요? 아니면 인간성을 마비시키고 인간의 능력을 저평가하며 인간 자체를 부인하는 부정적인 기능을 하는 것인가요? 그렇다면, 죄론은 진리인가 아니면 아무 열매를 못 맺는 불모지인가요?

제8장
그리스도

1. 왜 그리스도가 필요한가?

유대교에서는 그리스도가 필요하지 않았습니다. 하느님이 있고 인간이 있어서 구원자는 하느님인데 구태여 그 가운데 구원의 매개자가 있을 필요 없다고 생각했습니다. 그런데 그리스도교에서는 왜 그리스도를 요구하는가? 이에 대한 직접적인 대답을 시도하기 전에 먼저 그리스도의 의미를 생각해 보겠습니다.

그리스도는 나사렛 예수에 대한 크리스천의 신앙적 호칭입니다. 그리스도교에서는 오직 예수만이 우리의 그리스도 즉 구세주라고 믿기 때문에 예수와 그리스도는 불가분의 관계입니다. 그리스도교 신앙의 근본은 나사렛의 예수가 그리스도이며, 인류를 위한 구원의 궁극적인 매개자라는 것을 믿는 것입니다. 그리스도교의 시작은 예수의 탄생으로 시작된 것이 아니라, 그의 제자들 가운데 한 사람이 처음으로 "당신이 바로 그리스도"라고 고백한 순간에 시작된 것이고, 이러한 고백이 지속되는 한 그리스도교는 지속될 것입니다.[1] 그런데 이 예수가 그리스도라고 하는 고백은 과거부터 그 해석이 다양했습니다. 그리고 오늘날에도 새로운 해석이 나오고 있습니다. 그리스도 고백과 해석은 새로운 상황 안에서 새롭게 이루어지기 때문입니다. 폴 틸리히가 그리스도의 의미를 새로운 존재(the New Being)로 해석한 것은 당시의 새로운 상황에 적합한 것입니다.

나사렛 예수가 태어나면서 인류의 달력이 새롭게 바뀌었습니다. 예수 이전의 역사를 기원전으로 이후의 역사를 기원후로 했습니다. 그렇다면, 구약의 시대에는 구원이 없었고, 예수 이후의 기원후의 역사 속에서만 구원이 있다고 말해야 하는가? 그렇지 않습니다. 모든 인간은 구원에 개방되어 있습니다. 그러므로 예수 이전 이후와 상관없이, 그리고 예수를 알거나 모르거나 상관없이 모든 인간은 하느님의 구원의 은총 안에 있는 존재인 것입

---

1 Paul Tillich, *Systematic Theology, Vol. II* (Chicago, IL.: The University of Chicago Press, 1957), 97.

니다. 예수 그리스도 없이도 구원의 가능성은 주어져 있습니다. 그러나 그리스도의 육화 사건이 가진 특별한 의미는 그리스도의 이 땅에 오심 즉 육화는 하느님의 돌이킬 수 없는 구원의 의지를 분명하게 보여주는 사건입니다.[2] 예수는 온 인류가 걸어야할 길을 먼저 걸었고, 인류가 하느님과의 유대 속에서 세상적인 힘들의 저항을 넘어 구원과 해방을 성취하는 모습을 모범으로 보여주었습니다.

예수가 하느님으로부터 오는 은총(새로운 초월론적 구조)을 그의 자유의 결단에 의해서 완전하게 개방하고 수용한 것은 인류의 진정한 모범입니다. 십자가 사건은 이 하느님과 죄의 구조와의 전면 대결의 사건이었고, 부활은 하느님의 승리를 확정하는 사건이었으며, 이것은 예수를 따르는 모든 그리스도인들과 인류의 희망이 되었습니다.

2. 그리스도의 업적

여기에서 그리스도의 업적이라 함은 공관복음서에 나오는 역사적 예수의 업적을 말하지 않습니다. 그의 업적은 고백된 그리스도의 업적이며, 신앙의 관점에서 본 예수 그리스도의 업적입니다. 다음의 4 가지의 모델을 소개합니다. 대리적 희생, 모범, 승리

---

2 칼 라너, 『그리스도교 신앙입문』 (경북, 왜관: 분도출판사, 1994), 279.

자, 하느님의 지혜가 그것입니다.

대리적 희생

그리스도교 전통에는 그리스도는 대리하는 만족, 죄의 값을 치른 분(희생제물)이라는 고백이 중요하게 자리 잡고 있습니다. 중세 유럽 캔터베리의 안셀름(1033-1109)에 의하면, 예수는 인간의 죄로 말미암아 분노하고 있는 하느님을 달래고 만족을 주는 희생제물입니다. 이것을 "만족설"이라고도 합니다. 그리스도가 희생양이 되어 주고 우리의 죄를 위해 속죄제물이 되었으므로 우리는 비록 지금 죄인이지만 방면 받고 용서받는다는 것입니다. 법정에서 재판관이 보석금을 받고 죄인을 방면해 주는 것을 연상하면 됩니다. 이러한 대리적 제물(substitutionary sacrifice)의 속죄론에서는 하느님이 인간들의 죄에 분노하여 그 분노를 달랠 수 있는 신인(神人)의 죽음, 즉 성자의 죽음을 요구하는 분이 되는 것입니다. 그리스도의 십자가에서의 죽음은 하느님에 의해서 계획된 것으로, 이것은 하느님의 인간에 대한 사랑에서 비롯된 것이라고 보았습니다. 그리스도는 이 하느님의 의도에 복종하였습니다. 이 모델에서 하느님이 성자인 그리스도에게 무자비합니다. 인간(의 죄)에 대한 하느님의 분노를 성자가 대신하여 만족시켜 주고, 인간은 아무 공로 없이 죄 사함을 받습니다. 이 모델에서는 그리스도의 전체적인 삶 중에서 그의 십자가의 죽음, 그의 피

흘림이 부각됩니다. 그의 죽음, 즉 그의 피가 구원을 가져온다는 것입니다.

모범

그리스도는 인간이 어떻게 살아야 구원받을 수 있는가의 길을 보여준 도덕적 모범이라고 주장하는 전통이 있습니다. 이것을 도덕적 감화설이라고도 하며, 대표적인 사람은 중세 유럽의 아벨라르드(1079-1142)입니다. 예수가 우리들에 앞서 진정한 삶의 모습을 보여주었으므로 우리도 그의 모범을 따르면 구원의 길에 오른다고 합니다. 여기에는 그리스도를 닮고자(*imitatio Christi*)하는 동기가 있습니다. 자유주의의 신학전통과 신비주의 전통이 주로 이러한 입장에 서 있습니다. 이 모델에서는 예수의 공생애 동안의 행위, 특히 십자가에 이르는 그의 행위를 따름이 구원의 길이라고 봅니다.

승리자

그리스도는 하느님을 대신하여 악을 제압하고 정복하는 승리자라는 견해입니다. 이것은 20세기 중반 스웨덴의 신학자 구스타프 아울렌(Aulen)이 가장 성서적인 모델이라고 본 것입니다. 인간의 죄는 너무나 넓고 깊어서 인간 스스로의 힘으로 극복할 수 없는 것인데, 고로 누군가 악마와의 싸움에서 승리할 수 있는

강한 자가 나와야 합니다. 이 분이 바로 그리스도인데, 이 승리자에게 의탁하면, 우리도 승리에 동참할 수 있다고 보는 입장입니다. 이 모델에서는 예수의 부활이 강조됩니다. 그리스도는 부활함으로 승리했으므로, 부활이 구원의 원인이 된다고 보는 입장입니다.

하느님의 지혜

그리스도는 우리를 구원하는 하느님의 지혜요, 하느님의 힘이라고 보는 이론입니다. 십자가는 약함을 가리키며, 이 약함으로부터 세상의 권력자를 넘어설 수 있는 하느님의 힘이 나옵니다. 십자가는 하느님의 약함이지만, 능히 세상을 넘어설 수 있습니다. 바울 사도가 이 점을 잘 말하고 있습니다: "하느님의 어리석음이 사람의 지혜보다 더 지혜롭고, 하느님의 약함이 사람의 강함보다 더 강하기 때문입니다"(고전 1:25). 세상의 강자는 스스로 강하다고 믿기 때문에 오히려 부러지기 쉽고 약합니다. 예수 그리스도가 보여준 하느님의 약함은 진리를 외면한 세상의 강함을 이깁니다. "이 세상의 통치자들 가운데는, 이 지혜를 안 사람이 하나도 없습니다. 그들이 알았더라면, 영광의 주를 십자가에 못박지 않았을 것입니다"(고전 2:8). 그리스도가 우리 모두를 위해서 십자가에 죽은 것은 우리들이 앞으로는 우리를 위하여 살지 않고 그리스도를 위해서 살게 하기 위함이었습니다(고후

5:15). 그리스도는 하느님의 나라를 이루기 위해 십자가를 기꺼이 지셨습니다. 십자가의 죽음은 약함이나 지혜롭지 못한 일이 아니라 그리스도를 통해서 보여준 하느님 지혜라고 하겠습니다. 십자가와 고난뿐 아니라, 그리스도의 하느님의 나라를 위한 모든 활동과 말씀은 그리스도를 통해 보여준 하느님의 위대한 지혜였습니다. 그러므로 그리스도는 하느님이 이 세상을 대처하기 위한 하느님의 지혜였습니다. 이 모델은 약자와 약함의 힘이 세상을 구원하는 힘과 지혜가 된다는 것을 강조해 줍니다.

3. 그리스도에 의한 구원의 관점들

위에서 우리는 예수 그리스도의 업적에 대한 다양한 생각을 보면서, 이러한 생각들이 결국 그리스도교의 구원을 논하고 있음을 알 수 있습니다. 구원과 십자가의 죽음의 관계, 구원과 그리스도를 따르는 행동의 관계, 구원과 부활의 관계, 그리고 구원과 약함의 지혜의 관계가 구원론의 모델들을 이룹니다.

1) 구원과 구원자의 사역

그리스도교에서는 예수를 "우리의 구세주"라고 부릅니다. 예수는 구원하는 자인데 그의 구원 사역에 대해 교회의 역사 속에서 다양한 관점을 보여 왔습니다.

(1) 가장 보편적으로 생각되어진 것은 구원은 죄의 용서라는 것입니다. 죄의 용서로 우리는 천국에 들어갈 수 있다는 생각입니다. 위의 첫째 모델이 전형적으로 여기에 속합니다. 이것은 법정에서 방면 받는 모습을 연상하면 됩니다. 예수가 죄 값을 치름에 의해서 우리는 영원한 삶으로 들어갈 수 있게 되었다고 봅니다. 이것은 우리를 대신하는 대리의 속죄론입니다.

(2) 이에 비해 두 번째의 모델은 예수의 피 즉 십자가에서의 죽음에 의해서, 우리는 아무 공로 없이 방면 받는 것이 아니라, 예수의 뒤를 따라 우리도 십자가를 지는 삶을 살아야 구원을 얻는다고 주장합니다. 첫째 모델은 예수의 피만이 그의 삶 속에서 유일하게 중요한 가치인 것에 비하여, 둘째 모델에서는 예수의 삶 전체 과정이 의미를 갖습니다. 물론 그의 삶의 정점이 예수의 십자가임은 분명합니다. 그러나 십자가의 고난은 그의 역사적 삶과 유기적 연관 속에서 일어난 것이지 분리된 사건이 아닙니다. 이 모델의 약점일 수 있는 것은 인간 예수에 초점을 맞추느라, 예수의 부활에 대한 강조가 약해 질 수 있으며, 그리스도론적인 이해도 약화될 수 있다는 것입니다. 그리스도론은 그 논의의 영역이 역사적 예수의 범위를 넘어서며, 부활 이후의 그리스도에 대

한 신앙고백론이기 때문입니다.

(3) 예수 그리스도는 승리자라고 하는 세 번째의 모델은 신학계에서 가장 보편적인 그리스도의 구원 사상이라고 간주되어 왔습니다. 예수는 죄악의 뿌리인 사탄의 세력을 물리친 구세주이며, 우리는 그에 동참함으로써 이 승리, 즉 구원을 경험할 수 있다는 것입니다. 예수의 뒤를 따름이 고난에 찬 따름이기는 하지만, 궁극적으로는 승리할 것이라는 승리자적인 자신감 혹은 자만심마저 나타납니다. 승리자 그리스도의 상징은 십자군전쟁이나 최근의 미국의 이라크 공격을 연상하게 합니다. 그리스도가 악한 사탄 세력을 이미 무력화시켰으니 우리에게 승리는 보장된 것이라는 비현실적 낙관론을 낳습니다. 그리스도의 승리는 십자가의 패배가 아니라, 부활에 의해 이루어졌습니다. 이러한 승리주의적인 구원 모델은 예수의 십자가와 부활을 승리자적인 입장에서 해석하므로 역사적인 예수의 삶과 적합하지 않다고 봅니다.

(4) 네 번째 모델에서 예수 그리스도는 하느님의 지혜요 힘이며, 이것은 구원을 위한 지혜요 힘입니다. 예수 그리스도의 십자가는 네 가지의 의미를 가질 수 있다고 봅니다.

첫 번째는 사실적인 의미입니다. 십자가는 세상의 권력자들에 의한 가장 극단적인 처형입니다. 예수는 하느님의 나라와 그의를 위해 일했는데 세상의 권력자들은 이것이 자기들에 대한 도전으로 보았습니다. 예수의 십자가는 악한 세상 권력자들의 불법적 보복이었습니다.

두 번째의 의미는, 예수의 십자가는 그의 인류를 위한 극진한 사랑을 가리킵니다. 십자가는 하느님이 인간을 지극히 사랑하심을 예수 그리스도를 통해서 보여주신 사건입니다. 예수 그리스도는 십자가를 지기까지 하느님의 사랑을 보여 준 것입니다. 예수 그리스도는 십자가의 희생으로 하느님을 대신하여 인류에 대한 사랑을 보여주었습니다. 그런 면에서 십자가는 그리스도의 사랑의 표현이라고 할 수 있습니다.

셋째의 것에서는 은유적인 면이 짙습니다. 십자가의 희생은 예수 그리스도가 우리를 위한, 우리를 대신한 희생입니다. 이 세상의 평화와 생명과 사랑을 위한 십자가는 우리 모두가 해야 할 일이지마는 생각과 용기와 정의감이 부족하여 못한 일을 예수가 우리를 대신해 죽기까지 행하신 일입니다. 이것은 우리를 예수의 뒤를 따라 살게 합니다. 바울 사도의 말씀이 이것을 잘 말해주고 있습니다. "그리스도께서 모든 사람을 대신하여 죽으신 것은, 살아 있는 사람들이 이제부터는 자기들 스스로를 위하여 살지 않고, 자기들을 대신하여 죽으셨다가 살아나신 그를 위하여 살게 하려는 것입니다"(고후 5:15).

십자가의 네 번째 의미는 위의 셋을 포괄합니다. 십자가는 구원을 일으키는 진정한 지혜요, 정의이며, 힘이라는 것입니다. 예수의 십자가와 "피"는 그의 죽음과 희생을 상징합니다. 그것은 그의 지극한 사랑과 정의를 향한 열정에 말미암은 것입니다. 십자가를 믿는다는 것은 세상의 권세를 따르는 것이 아니라, 하느님의 의를 따른다는 것을 의미합니다. 그러므로 예수 그리스도의 피를 믿음은 곧 십자가를 믿음이요, 그것은 하느님의 정의를 위해 산 예수의 삶을 따름을 의미하는 것입니다. 사도 바울은 속죄의 피를 믿는다는 것이 우리의 인격과 행동의 변화를 수반하는 것이 되어야 한다고 로마서 6장 전체를 할애해서 강조했습니다. 그것은 우리의 지체가 "정의를 위한 연장"이 되는 것을 의미합니다. "오히려 여러분은 죽은 사람들 가운데서 살아난 사람답게, 여러분을 하느님께 바치고, 여러분의 지체를 의의 연장으로 하느님께 바치십시오"(롬 6:13). 그리고 예수의 십자가는 하느님의 역설적 지혜와 힘입니다. "우리는 그리스도를 전하되, 십자가에 달리신 분으로 전합니다. … 그리스도는 하느님의 능력이요, 하느님의 지혜입니다"(고전 1:23-24).

이 모델은 세상의 약자들에게 희망을 제공할 뿐 아니라, 진정한 힘은 강자의 힘이 아니라, 약함의 힘이라는 것을 말해 줍니다. 그리스도의 힘은 폭력적이거나 지배적인 것이 아니며, 그것은 타자를 지배하는 힘이 아니라, 정의를 일으키는 평화적인 힘입니다. 그것은 강제와 강압의 힘이 아니라, 정의와 합리가 있는 설득과 대화에 의해 형성되는 상생적인 힘입니다. 이러한 힘을 죄 없이 고난당하고 죽은 약자 그리스도가 부활함으로써 보여주었습니다. 이 모델은 위의 승리자 모델과 유사해 보이지만, 그 내용에 있어 차이가 있습니다.

토의를 위한 질문

위의 네 가지 모델 중에서 가장 합당하다고 판단되는 모델은 무엇이라고 봅니까? 내가 믿어 왔던 모델은 무엇이었고, 지금은 무엇인지 생각해 보십시오. 네 가지의 모델들이 갖는 장단점을 생각하면서 가장 적합하다고 판단하는 것은 무엇인가를 논의해 봅시다.

제9장
하느님의 나라

신약성서 특히 공관복음서인 마가, 누가, 마태복음서는 역사의 예수의 모습을 보여주고 있습니다. 예수가 나이 삼십 전후가 되었을 때 세례자 요한으로부터 세례를 받았습니다. 그리고 세례자 요한이 잡힌 후에 공개적인 활동을 시작하였습니다. 민중의 땅 갈릴리 지방에서 힘없는 민중들, 병자들, 여자들, 세리들, 어부들, 농부들, 그리고 가난한 사람들을 돌보았습니다. 이러한 약자들을 위한 행동은 당시의 종교, 정치 지배세력들과 갈등이 되었습니다. 그의 가장 중요한 메시지는 하느님의 나라의 도래였습니다. "때가 찼습니다. 하느님의 나라가 가까이 왔습니다. 회개하고 복음을 믿으십시오"(마가 1:14). 이 메시지가 가진 의미, 즉 하느님의 나라의 도래의 의미를 예수는 복음이라고 보았습니다. 즉 복된 소식입니다. 그 소식이란 다름 아닌 약자의 해방이요, 희년의 선포요, 모든 이들의 평화입니다. 누가 복음 4:18을 보면 예수가 이사야서를 인용하면서 복된 소식의 의미를 다음과 같이 전해 줍니다. "주의 영이 내게 내리셨습니다. 주께서 내게 기름을 부으셔서 가난한 사람들에게 기쁜 소식을 전하게 하셨습니다. 주께서 나를 보내서서, 포로된 사람들에게 자유를, 눈먼 사람들에게 다시 보게 함을 선포하고, 억눌린 사람들을 풀어 주고, 주의 은혜의 해를 선포하게 하셨습니다." 이 말씀이 예수와 더불어 지금 이루어졌다고 했습니다(눅 4:21). 예수의 삶은 많은 사람들의 병을 고치는 일로 채워집니다. 그리고 많은 사람들, 특히 당시에 소외받았던 사람들—예수 자신이 소외계층의 한 사람이었다—과 함께 가르치고, 이야기 나누고, 여행하며, 음식을 나누었습니다. 이들에게 하느님의 나라를 가르쳤습니다. 안식일에 밀 이삭을 잘라 배고픈 제자들이 식사한 것, 안식일에 병을 고친 것, 경건하지 못하고 불결한 사람들을 마다하지 않고 친구로 삼은 것, 그리고 당시의 지배자들을 비판하는 예수의 모습을 본 유대의 율법주의자들과 제사장들은 예수를 적대시하였습니다.

역사의 예수가 사회적 약자들에게 특별히 관심을 가지고 이들을 옹호한 것은 예수가 사회적 약자를 위한 당파성을 보였다고 보아도 틀리지 않을 것입니다. 예수의 당파성은 보편주의를 위한 것이었습니다. 약자들은 한없이 고통당하고 있는데 이들의 기본권을 회복해 주지 않고 그냥 혼자 힘으로 독립하여 잘 살아 보라고 한다면 무책임한 일일 것이다. 이는 연봉 1조 받는 사람과 연수입 500만원 되는 사람에게 같은 비율의 액수를 세금으로 부과하는 것과 같은 것입니다. 예를 들어, 10%의 세금을 내라고 한다면, 1조의 10%는 1,000억이 되고, 500만원의 10%는 50만원이 됩니다. 부자가 훨씬 많이 내는 것이 사실이지만, 그러나 세금 후 남는 수입은 부자는 9000억이 되고, 가난한 자는 450만원이 됩니다. 빈부의 격차는 그대로 큽니다. 이런 보편주의는 잘못된 것이고, 불의합니다. 약자에게 특별한 보호와 혜택이 더 돌아가야만 세상은 균형 잡혀지고 정의롭게 될 것입니다. 예를 들어, 1조를 가진 사람이 자기의 수입을 100억으로 줄여서 나머지 9900억을 세금으로 나눌 수 있다면, 그는 다른 사람들보다 훨씬 부유하면서도 다른 사람들을 위해 자기의 부를 나누는 것이 될 것입니다. 이것이 예수의 보편주의였습니다. 약자에게 특별히 더 혜택을 주는 것이 진정한 보편주의입니다. 예수는 하느님의 나라가 이 땅에 이미 왔으며, 하느님의 나라에서는 불평등한 체제 속에서 고통당하고 있는 약자들이 특별한 보호를 받는다고 선포하였습니다. 그의 하느님은 약자(특히 어린 고아와 늙은 과부)를 보호하는 정의의 신이었습니다.

　　예수는 유월절에 예루살렘 성전에 가서 성전이 종교를 이용한 지배질서의 유지와 장사꾼의 소굴이 된 것에 대해 항의하는 소위 "성전정화"의 사건을 일으켰습니다. 이것이 도화선이 되어 유대의 종교지도자들은 연합하여 예수를 없애고 예수의 무리들을 흩어버리려는 계획을 세웠습니다. 유대 성전지도자들 특히 대제사장은 로마 총독부에 가서, 예수가 소요를 일으키고 스스로 왕이 되고자 한다고 설득하고 처형할 것을 종용하였습니다. 로마 총독에게도 예수는 위험한 존재로 비추어졌던 것 같습니다. 로마는 당시 로마 제국에 도전하는 반란자들에게만 해당하는 십자가의 처형으로 예수를 사형시켰습니다. 제자들은 무서워 흩어졌지만, 예수를 따르던 여인들이 예수의 죽음을 지켰고 그들은 예수의 현현을 경험하였습니다. 이러한 현현에 대한 이야기는 한 단계 발전하여 예수의 부활로 고백되었습니다. 제자들은 예수의 나타남을 부활로 선포하였습니다. 그리고 그가 진정한 하느님의 아들이며 구세주임을 선포하기 시작하였습니다. 예수의 하느님의 나라 운동보다는 예수 자신에 대한 신앙이 더 강조되기 시작하였습니다. 그리하여 초대 교회의 시대에 와서는 예수의 "하느님 나라 운동"은 물러가고 예수가 그리스도라는 것을 선포하는 "교회 운동"으로 바뀌었습니다.

　　예수는 이스라엘의 예언자의 전통에 섰었고, 모세의 오경과 예언서들을 새롭게 해석하였고, 새로운 신 개념에 입각한 하느님의 나라, 가까이에 와 계신 신에 근거한 나라의 도래를 선포하였다는 점에서 거의 새로운 종교를 창시한 것처럼 보일 수 있지만, 그의 목적은 종교의 시작이 아니라, 이 땅위의 새로운 질서, 하느님이 직접 통치하는 만인 평등의 나라였습니다. 그것은 더 이상 눈물과 절망이 없는 세상, 모든 사람들, 특히 병자, 여자 등 약자들이 먹고 살 수 있을 뿐 아니라, 하느님의 자녀로서의 존엄성을 갖는 세상입니다. 오늘날과 마찬가지로 예수 시대에 민중과 약자들은 굶주림, 질병, 노예적 생활, 비인간적인 대우 등의 악순환에서 헤어 나오지 못하였습니다. 예수는 이러한 악순환을 구조적인 것으로 보았고, 그러한 구조적인 악의 고리를 끊고자 했던 것으로 보입니다. 그가 5,000명 이상을 먹인 것이나, 가난한 자, 병자, 장애인, 세리, 죄인들과 먹고 마셨던 것이나, 안식일에 밀 이삭을 잘라 배고픈 제자들을 먹인 것이나, 스스로를 일용할 식량인 빵과 포도주로 선언하였고 모든 사람이 그것을 먹을 수 있게 했던 모든 것들은 당시의 약자와 빈자를 배제하는 지배질서에 대항하여 새로운 질서를 세우기 위한 행동이었습니다.

예수의 하느님의 나라는 팍스 로마나와 대조하여 이해해야 합니다. 하느님의 나라는 팍스 로마나라고 하는 제국적인 질서를 대신하는 치유와 나눔의 형제자매, 친구의 질서였습니다. 하느님의 나라는 기존의 질서, 특히 제국과 그 하위 권력의 질서(헤롯

왕국과 유대 성전종교 세력)에 대항하여 새로운 질서를 제시하는 정치적-사회적 메타포였습니다. 그것은 시저의 왕국, 헤롯의 왕국과 대조되는 정치적 메타포였습니다. 진정한 평등과 자유를 그 내용으로 하는 정의였습니다. 예수는 유대의 모세 전통과 예언자 전통의 약자 보호와 정의 사상을 더욱 강화하되 그것을 전체 민중에로 확장하였습니다. 예를 들어, 유대 전통에 빵과 포도주를 나누는 가정의 식탁의 교제를 이방인에게 확장했고 사회적 나눔으로 변혁했던 것입니다.[1]

또한 하느님의 나라는 당시의 지배계층에 대한 심판을 의미했습니다. 사회의 평등한 개혁은 당연히 지배자들에 대한 비판과 심판을 수반합니다. 예수는 부자들은 하느님의 나라에 들어가기가 참으로 어렵다고 했습니다(막 10:23와 병행구). 성전에서의 예수의 정화운동(막 11:15-19와 병행구), 예언자들을 죽인 예루살렘의 지배자들에 대한 심판(눅 13:34-35와 병행구) 등에서 이를 볼 수 있습니다.

하느님의 나라는 지배하는 자의 나라가 아니라 서로 섬기는 자들의 나라입니다. 섬기는 자, 약자가 다스리는 나라입니다(눅 22:27). 하느님의 나라는 부자들이 들어가는 곳이 아니라, 빈자, 장애자, 소경, 절름발이가 들어갑니다(눅 14:16-21). 여기에서 유추되는 것은 하느님의 나라는 결국 부자들이 지배하는 체제와

---

1 리처드 호슬리/김준우 옮김, 『예수와 제국』(서울: 한국기독교연구소, 2004), 136.

질서를 거부하는 새로운 질서요 힘입니다. 오늘의 상황에 빗대어 말하면, 해고 노동자가 직장 없이 버려진 삶을 살 수밖에 없는, 가진 자들만의 지배질서가 아니라, 이들이 직장을 갖고 머리를 들고 살 수 있게 하는 세상이고, 힘입니다.

성전파괴 선언은 예수 활동의 핵심을 말해줍니다. 즉 이 말씀은 그 거대한 힘의 질서가 무너져야 하느님의 나라의 해방하는 힘이 작동할 수 있다는 선언입니다. "선생님, 보십시오, 얼마나 굉장한 돌입니까? 얼마나 굉장한 건물들입니까?" "너는 이 큰 건물들을 보고 있느냐? 거기에 돌 하나도 돌 위에 남지 않고 다 무너질 것이다"(13:1-2). 일반적으로 이 선언은 후대의 예루살렘 성전파괴를 예언한 것이라고 해석해 왔는데, 리차드 호슬리(Richard Horsley)는 이것을 마가복음 "전체 이야기에서 예수가 예루살렘에 입성하고 성전에서 시위를 벌인 데서 시작된, 예수와 지배집단 사이의 대결의 정점 기능을 하는 것으로 읽어야 한다"라고 주장합니다.[2] 사실, 마가복음 14:58과 15:29에서처럼 예수는 사람의 손으로 지은 성전을 허물고, 손으로 짓지 않은 전연 새로운 성전을 사흘 만에 세우려고 했습니다. 이 전연 새로운 성전은 무엇을 상징할까? 이것은 불평등과 착취의 지배질서를 넘어서는 평등과 해방의 공동체적 역동성, 즉 하느님의 나라를 가리킨다고 하겠습니다.

---

2 Ibid., 161.

에 필 로 그

　이 책은 신학에 입문을 하려는 사람들을 위해 작성되었다. 아홉 개의 장으로 구성되어 있지만, 몇 개의 장은 두 번 강의할 수 있는 양이라서, 대학에서 한 학기 동안 충분히 강의하고 토의할 수 있는 내용을 갖췄다고 생각한다. 그리고 학생들이 토의를 할 수 있도록 토의를 위한 질문들도 만들어 놓았다.

　필자가 정년을 맞이하면서 이 작은 책을 출판하게 되었다. 이 책의 대부분은 성공회대학교에서 20여 년 동안 강의한 내용들이다. 이 책을 다시 쓰면서 강의의 내용에 변화를 가했다. 예를 들어, 초월론적(the transcendental)이라는 말을 많이 사용하고 있다. 그리고 그것도 임마누엘 칸트 식의 초월론적이 아니라, 가톨릭 신학자 칼 라너(Karl Rahner), 더 중요하게는 프랑스의 현대 철학자 알랭 바디우(Alain Badiou)가 새롭게 확장한 개념을 가지고 사용하고 있다. 필자는 초월론적인 것을 사회의 구조와 죄의 개념에 적용하였고, 인간의 주체성에다가도 적용시켰다. 약간 복잡한 개념을 사용하고 있기 때문에, 혹시 독자들이 이 개념에 걸려 넘어질지도 모르겠다는 걱정이 든다. 그러나 각주 등에서 상당히 자세하게 설명했으니 정독하면 이해할 수 있으리라 생각한다.

　　이 책은 "주체가 있는 신학"을 추구하고 있고, 그것을 위해서 주체의 의식과 무의식을 언어와 이야기와 연결하여 구명하고 있다. 눈치를 챘겠지만, 이 책은 실천적이고 진보적인 신학의 입문서로 쓴 것이다. 필자의 민중신학의 관점과 민중신학을 위한 숙고가 여기에 많이 반영되어 있다. 주체, 언어, 이야기, 그리고 의식과 무의식, 그리고 역사와 사회의 모든 구성원들이 가지고 있는 초월론적 구조에 대한 분석이 이 책을 관통하고 있다.

　　서두에서도 밝혔지만, 신학이란 서로 다른 실체들 사이의 관계를 구명하는 작업이라고 생각한다. 주체와 언어, 이야기, 그리고 구조의 초월론적인 차원 이런 모든 것들 사이의 관계를 밝혀내면서 자유와 실천을 위한 담론을 형성하는 것이 신학자의 과제라고 생각한다. 이 책에서는 이러한 과제를 개괄적으로만 건드렸다. 아무래도 너무 깊이 들어가면 "신학이란 무엇인가"라고 하는 제목에 걸맞지 않게 될 것이다. 자세한 내용은 다음의 저술에다가 미루고, 아쉽지만 개론적인 문제제기로서의 이 책을 여기에서 마무리한다.